마르크스와 공자의 화해

동아시아
연구소
교양문화
총서 01

21세기 중국은 왜
이 길을 선택했나

마르크스와
공자의 화해

성공회대학교 동아시아연구소 기획 | 권기영 지음

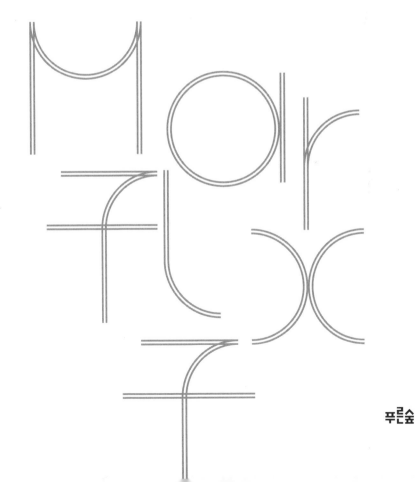

푸른숲

역동하는 21세기 중국을 읽는 두 가지 문화 코드

백원담(성공회대학교 중어중국학과 교수)

《마르크스와 공자의 화해》라는 제목은 매우 은유적이다. 저자는 현대 중국, 즉 사회주의 중국을 이해하려면 중국공산당이, 그리고 중국 국민들과 지식인들이 '마르크스'와 '공자'의 관계를 어떻게 취급하는지 반드시 살펴야 한다고 강조한다. 저자는 봉건 사회에서 현대로 오기까지 중국이 어떠한 험로險路를 거쳐 왔으며, 또 21세기에는 어떤 방향으로 가고 있는지를 '문화' 코드로 분석한다.

예를 들면 저자가 2008년 베이징올림픽 개막식 장면을 두고 중국의 문화정체성과 인문 정신을 분석한 내용은 매우 흥미롭다. 중국은 베이징올림픽을 인문 올림픽으로 규정하며 중국의 인문 정신을 전 세계에 공표했다. 가장 상징적인 장면은 올림픽 개막식 행사에서 공자와 3천 명의 제자들이 머리에는 '붓'을 쓰고 손에는 '죽간'을 든 채 등장하여 《논어》의 첫 구절을 낭독하는 퍼포먼스였다. 3천 년 전 공자를 21세기 올림픽의 상징으로 중국의 4대 발명품과 함께 생생하게 재현한 모습은 바로 21세기 중국이 장구한 인문 전통을 가진 문명국가임을 세계만방에 보여주기 위한 것이었다. 중국은 전통을 문화콘텐츠화한 상품으로 만들어 중국이 향후 세계의 중심으로 대국굴기(大國崛起, '대국으로 우뚝 서겠다'는 뜻) 할 수 있는 강력한 근거로 내세웠다.

저자는 산업혁명 시대의 여성과 노동자의 행진 그리고 무상의료 시설과 소설 《해리포터》의 저자 조앤 K. 롤링을 등장시킨 런던올림픽 개막식을 베이징올림픽과 대비해 설명한다. 2012년 런던올림픽의 모토는 '경이로운 영국'이었다. 영국은 21세기 인류 보편의 화두인 '복지'와 '동화'를 스케일이 아닌 스토리로 구현했다. 자본주의와 사회주의를 각각 대표하는 영국과 중국이 21세기에 전통을 다시 '만들어내는' 방법과 그 전망을 가시화하는 과정의 차이를 적절한 예로 대조한 것이다.

영국이 산업혁명으로 근대 자본주의 세계를 열었고 마르크스가 자본주의가 야기한 계급 모순을 해소하기 위한 방편으로 사회변혁론을 제시했다면, 중국으로 건너간 마르크스주의는 중국 현실에 걸맞은 특색 있는 사회주의 국가 건설의 근간이 되었다. 그러나 중국은 문화대혁명의 실패, 그리고 뒤이은 개혁개방 즉 중국식 사회주의에 대한 개혁과 자본주의 개방으로 신자유주의에 스스로 발을 내디뎠다. 물론 중국 정부는 여전히 '사회주의 정신문명 건설'이라는 기치를 내세우며 사회주의 깃발을 내리지 않았다. 나아가 '전통'을 소환하며 그것이 사회주의 가치와도 모순되지 않는다는 입장으로 선회했다. 저자는 중국의 이러한 선택으로 인해 서구에서 실패한 사회주의 모델이 중국식 사회주의 모델로 실현될 가능성 또한 조심스럽게 가늠해본다. 그런 맥락에서 중국 정부의 이데올로기적 주도성이 여전히 작동하고 있는 문제 또한 분명하게 지적한다.

21세기 중국에서 벌어지는 전통문화의 부활과 강조는 중국 정부의 정책적 의도에 따라 강하게 작동한다. 하지만 정부가 아무리 대규모 자금과 미디어를 동원한다고 해도 전통문화 상품이 대중이 원하는 문화 수요와 소비욕구를 충족시키지 못한다면, 어떤 영향력도 행사할 수가 없다. 즉 저자가 말하고자 하는 핵심은 그 전통을 구현하는 패러다임이 바뀌었다는 점이다. 21세기 중국이 선택한 '전통'역시 문화콘텐츠로써 작동하는 시장 논리에 운명을 맡길 수밖에 없는 현실이다.

중국의 근현대사를 꿰뚫는 현지 전문가의 통찰

이 책은 21세기 중국의 문화산업을 통해 중국에서 벌어지고 있는 사회문화현상의 이면을 들여다보는 매우 흥미로운 작업의 결과물이다. 저자는 현대 중국의 현재와 나아갈 길을 '화해和解'를 통해 조망한다. 여기에서 '화해'는 무한경쟁이 아닌 조화를 통해 발전해나가고자 하는 21세기 중국의 국정 이념이다. 저자는 국가 주도의 개혁이 중국 내부뿐 아니라, 국제 사회와 얽힌 관계를 재구성하는 과정에서 생기는 문제를 국가, 지역, 세계 등 다양한 관계망속에서 분석한다.

조정래의 소설 《정글만리》는 중국 현지 종합상사에서 근무한 주재원의 경험과 상식 수준에서 국가주의에 가까운 민족 간 경쟁코드를 입혀 21세기 중국의 피상적인 모습만을 부각시켰다. 뿐만 아니라 소설 작품임에도 불구하고 '너희가 중국을 알아?' 하는 낡은 계몽주의로 일관했다. 반면 《마르크스와 공자의 화해》는 장구한 중국 역사의 흐름과 개혁개방 이후 중국의 국가 주도 개혁의 궤적을 현지에서 10여 년간 직접 발로 뛴 저자의 경험과 통찰력을 바탕으로 간명하게 짚어내는 동시에 일목요연하게 정리해낸다.

무엇보다 놀라운 것은 이 한 권의 책에 담긴 방대한 양의 지식과 정보다. 중국 사상과 문화 연구자인 저자가 20세기 말부터

21세기 초까지, 가장 역동적인 중국의 십 년을 가까이에서 목격한 경험과 통찰이 생생하게 드러난다. 중국이 봉건사회에서 근현대로 오면서 '민족과 사회주의' 혹은 '전통과 사회주의'를 어떻게 붙들고 가는지, 또 21세기 중국이 '팍스 아메리카나Pax Americana'를 대신할 '팍스 시니카Pax Sinica'의 시대로 나아가기 위해 어떠한 노력을 하고 있으며, 그것이 어디에서 비롯되었는지 탁월하게 짚어낸다.

예컨대 저자는 21세기 중국 정부의 문화산업 정책이 1919년 5·4신문화운동(이하 5·4운동)과 마오쩌둥이 1940년 발표한 문건 〈신민주주의론〉에 그 이념적 기초를 두고 있다고 설명한다. 또한 1990년대 이후 중국사회에 만연한 애국주의 혹은 민족주의도 그것이 국가 차원에서 일방적으로 추동해간 것이 아니라, 민간 차원에서 시작된 자발적인 흐름과 상호 조응한 것으로 해석한다. 1980년대에 민족주의와 사회주의를 동시에 살리기 위해 지식계에 광범위한 문화 연구의 붐이 인 것처럼 1990년대 중국 지식계에는 '국학열'이라는 불리는 국학 연구 현상이 새롭게 나타난다. 저자는 이러한 학술 담론의 주요 논지와 쟁점들을 분명하게 포착해낸다. 정부 차원의 강력한 지원으로 〈자유국학선언〉, 〈갑신문화선언〉 등이 이루어지며 국가와 사회가 이른바 '중국화' 말하자면 중국 중심으로 경도되는 과정을 소상하게 짚어줌으로써 이 강의록이 얼마나 탄탄한 학술 역량에 기초해 있는지를 유감없이 입증한다.

또한 21세기 중국이 '사회주의 문화강국 건설'을 국가 비전으로 삼아 문화산업을 국민경제의 지주산업으로 만드는 전략을 세우고 지역과 국가 차원에서 법적·제도적 장치를 구축하며 각 지역에 문화특구 곧 '문화클러스터'를 건설하고 선택과 집중으로 지역 경제를 활성화해가는 실상을 구체적으로 묘사한다. 이를 위해 지속적인 현지조사 결과와 방대한 자료를 원용하고 있는데, 이는 십 년 가까이 한국문화콘텐츠진흥원 베이징대표부 소장을 역임한 저자의 실무경험 없이는 불가능한 일이다. 저자는 중국선전부와 문화부, 광전총국 등 중요 문화 정책 관련 부처와 관계하며 한중문화산업조성을 시작 단계부터 진두지휘해 온 인물이다.

21세기 문화 중국의 '화해' 경로, 국제 사회로 이어지다

후진타오胡錦濤 정부는 '화해사회 건설'을 핵심 국정 목표로 내세워, 개혁개방이 낳은 심각한 불균형 문제를 해소하고 나아가 모든 계급·계층의 이익이 '화해'를 이루는 균형 발전을 추구하고자 했다. 그리고 바로 그 해결 방법 중 하나가 지역 간 경제 격차를 해소하는 균형 전략으로, 이것은 문화산업 진흥을 통해 소외된 지역의 경제 발전을 도모하겠다는 계획과 같다. 이 책은 바로 이 지점을 적확하게 포착한다. '마르크스와 공자의 화해'가 추상적 차원이 아니라 선택과 집중을 통해 구체적으로 이루어지는 장면, '화해' 경제의 지역 모델들이 중국 대륙 곳곳에서 실현되는 모습 등을 문화와 문화산업의 사례를 토대로 한눈에 펼쳐 보인다. 그리고 또 하나의 화해 장소로 국제 사회를 지목한다. 21세기 중국이 바로 '화해' 개념을 앞세워 문화안보와 문화외교, 그리고 문화시장 확장을 위한 문화산업을 중심으로 국제 관계와 국제 경제에 참여하며 중국 특색의 '문화' 경로를 드러내고 있다는 것이다.

그러나 '문화 중국'의 화해 경로가 아직 완정하게 구축되지 않았다는 것이 바로 이 책이 던지는 문제 인식이다. 그것은 21세기 중국의 문화산업이 국가 차원이나 정부 주도로 이루어지는 게 아니라, 문화를 소비하는 소비자의 욕망에 조응하고 중국뿐 아니라 글로벌 문화시장에서도 통용되는 시장가치로 평가될 수밖에 없는 것과 같은 맥락이다.

'문화 중국'의 진정한 화해란 중국이 세계의 중심으로 우뚝서는 대국굴기에서 그치는 것이 아니다. 그것은 인간과 인간, 인간과 자연의 관계를 황폐한 지경으로 몰고 온 자본주의적 약육강식의 논리와는 다른 세계사 혹은 문명사를 일으켜가는 원대한 전환의 기획이다. 그것은 곧 모든 사람들이 낮고 후미진 곳에서 소외되지 않고 삶의 창조적 주역으로 우뚝 설 수 있는 세상을 만들고자하는 바람과도 같다. 고故 신영복 선생이 "꿈은 미래를 꾸어 오는 것이기 때문에 꿈이라 한다"고 말한 바와 같이, 이를 실현하기 위해 다원평등한 세상을 열고자 하는 모든 사람들의 꿈을 미리 꾸어 오지 않으면 안 될 것이다. 이 책은 그 문제를 '마르크스와 공자의 화해'라는 상징적 수사로 접근했다. 그리고 오늘의 중국을 이루는 두 가지 문화 코드, 즉 중국식 사회주의와 유가의 화해로 새로운 중국을 열어가는 문제의 핵심은 그 전통문화가 인류의 미래 설계에 영감을 줄 수 있도록 누가, 어떻게 불러오느냐에 있다고 역설한다.

《마르크스와 공자의 화해》는 성공회대학교 동아시아연구소 오픈클래스에서 진행한 다섯 차례의 강의를 바탕으로 엮은 책이다. 사회를 향해 문을 연 대학 강의, 그리고 그 강의록은 오늘날과 같은 다중지성의 시대에 어떤 역할을 할 수 있을까? 아마도 갈고 닦은 지식을 알기 쉽게 집중 강의로 풀어내 듣는 이로 하여금 풍부한 지식을 경험하고, 함께 이해해가는 배움의 장이 되리라 믿는다. 이 책의 저자는 바로 그 새로운 지식 관계의 세계상을 생생하게 열어내고 있다.

마르크스와 공자,
21세기 중국을 움직이다

이 책의 제목을 《마르크스와 공자의 화해》라고 지어보았다. 제목에서 우선 '화해'라는 단어에 주목해보자. 2003년부터 2012년까지 후진타오 정부는 '화해사회 건설'을 국정 이념으로 내세웠다. 21세기에 들어선 중국 정부가 왜 '화해'라는 단어를 국정 기조의 핵심으로 강조했을까? '화해'는 다툼이나 갈등을 전제한다. 그리고 현대 중국의 역사적 흐름을 문화적 측면에서 봤을 때 이 다툼의 주체는 마르크스와 공자라는 상징적 키워드로 표현할 수 있다.

마르크스는 사회주의를 대표하는 아이콘이고 공자는 중국의 전통문화를 상징하는 아이콘이다. 물론 혹자는 공자를 중국 전통문화의 상징으로 보는 데 문제를 제기할 수도 있다. 그렇지만 이는 필자가 임의로 택한 것이 아니라 중국의 현대화 과정에서 꾸준히 등장한, 전통에 관한 중국인들의 인식을 따른 것이다.

예컨대 5·4운동 시기에 전통문화를 둘러싼 중국 지식인들의 비판과 부정은 '공자를 타도하자!'라는 구호로 압축되어 나타났고, 문화대혁명 시기에도 '공맹孔孟의 도道'가 인민의 영혼을 오염시키는 주범이라며 집중적으로 비판받았다. 도대체 이들에게 '공자'의 어떤 점이 문제였을까?

공자는 왜 돌을 맞았나

5·4운동 시기에 공자 타도를 가장 극렬히 외쳤던 우위吳虞°는 유교가 중국의 전통적 가족제도를 유지하는 사상적 기반이 되어왔으며, 특히 유교의 근본적인 윤리 원칙인 효와 가부장제 옹호가 군주에게 무조건적인 충성을 요구하는 전제정치의 기초가 되었다고 주장했다. 유교사상이 대중의 저항이나 반란 욕구를 모조리 제거해 중국을 유순한 인간의 거대한 제조 공장으로 만들었다는 것이다. 중국에 마르크스주의를 처음 소개한 천두슈陳獨秀°°역시 전통적 유학자들이 불필요한 의례를 제창하고 순종의 도덕을 설

○ **우위** 5·4운동 당시 잡지 〈신청년〉에 중국의 전통적 예교禮敎와 유가 학설을 맹렬하게 비판하여 큰 영향을 끼친 학자로 후스胡適는 그를 '중국 사상계의 청소부'라 칭했다.

교해 투쟁과 경쟁을 비난함으로써 중국 민중이 근대 세계 사회에서 생존하기에 매우 연약하고 소극적인 존재가 되어버렸다고 비판한다.

이처럼 공자는 근대 이전 중국의 정체성을 대표하는 상징적 존재로 인식되면서 근대국가 건설 과정에서 부정해야 할 인물로 전락한다. 앞으로 상세히 살펴보겠지만 사회주의 국가를 수립한 이후에도 공자는 여전히 비판과 부정의 대상에서 벗어나지 못한다.

현대 중국을 이해하려 할 때 사회주의와 중국의 전통, 다시 말해 마르크스와 공자의 관계를 살펴보는 것은 대단히 중요한 과제 가운데 하나다. 현재 중국은 중국공산당이 집권하는 사회주의 체제를 표방하고 있다. 마르크스주의가 국가를 지탱하는 가장 기본적인 이념인 것이다. 그렇다면 근대국가를 건설하는 과정에서 중국 국민은 왜 마르크스주의를 선택했을까? 중국공산당은 5·4운동 직후인 1921년에 만들어진다. 중국공산당 창당에 관해서는 차후에 더 자세히 살펴볼 예정이므로 여기서는 간략하게 개괄하는 정도로만 풀어보려 한다.

○○ **천두슈** 중국 최초의 마르크스주의자로 1921년 중국공산당 창당에서 핵심적인 역할을 했다. 초대 중국공산당 총서기를 역임하여 중국의 레닌으로 불리기도 했다. 1915년 〈청년잡지〉(후에 〈신청년〉으로 개명)를 창간하고, 베이징대학의 문과대학 학장으로 5·4운동을 추동했다

마르크스, 공자에게 손을 내밀다

일반적으로 중국의 근대는 1840년 아편전쟁으로 시작됐다고 본다. 서구 제국주의 열강들의 침략이 가져온 근대화 과정에서 중국의 가장 핵심적인 과제는 바로 '부국강병으로 국가적 위기 상황을 극복하는 것'이었다. 중국의 이러한 노력은 크게 두 가지 방향으로 나타났다. 내부적으로는 근대화에 장애가 되는 봉건적 전통을 개혁하는 것이었고, 외부적으로는 서구의 장점을 수용하고 학습해 제국주의의 식민지 침탈로부터 완전히 벗어나는 것이었다. 다시 말해 반제반봉건反帝反封建이라는 두 가지 과제를 동시에 해결해야 했다.

이러한 상황에서 최초의 사회주의 국가인 소련의 등장은 중국의 젊은 지식인들에게 분명히 매력적으로 다가왔을 터다. 제국주의 국가들을 모방하고 따라가는 것이 아니라 사회주의 이념을 도입해 제국주의를 극복하는 일이 피압박민족에게 새로운 대안으로 부상한 것이다. 미국의 중국사학자인 모리스 마이스너Maurice Meisner는 이렇게 묘사한다.

"마르크스주의자가 되는 것은 중국 지식인들이 전통과 제국주의 지배를 모두 거부할 수 있는 길이었다. 그리고 러시아 혁명을 받아들이고 공산주의자가 되는 것은 중국 사회를 변화시키는 구체적인 정치 행동 프로그램을 찾는 길이었으며, 그들이 믿었던 국제적 규모의 혁명적 변화 과정에서 중국이 위치할 자리를 찾는 길이었다."

결국 중국 국민은 국민당이 아니라 공산당의 손을 들어주었고, 1949년 중국공산당은 사회주의 이념을 기초로 중화인민공화국의 건국을 선포한다.

순수한 의미의 자본주의 국가가 존재할까? 자본주의 국가들 간에도 많은 차이가 있는 것처럼 사회주의 국가라 해도 저마다 모습이 다르다. 필자는 이러한 차이를 만들어내는 가장 중요한 요소 중 하나가 바로 전통이라고 생각한다. 전통을 계승하면 계승하는 대로 또 부정하면 부정하는 대로 각 나라 특유의 이념적 국가 체계가 생겨나기 마련이다. 따라서 현대 중국, 즉 사회주의 중국을 제대로 이해하기 위해 중국공산당이, 그리고 중국 국민들과 지식인들이 마르크스와 공자의 관계를 어떻게 취급하는지를 살피는 것은 대단히 중요하다.

예컨대 이런 질문을 해볼 수 있다. 같은 사회주의를 표방하면서 소련과 중국, 그리고 북한은 왜 다른 모습을 보여줄까? 마르크스 사상에 기초하고 있지만 정통 마르크스주의와는 또 다른 마오쩌둥毛澤東 사상의 형성에 영향을 미친 요인은 무엇일까? 개혁개방, 중국 특유의 사회주의, 사회주의 정신문명 건설 등 중국의 국가 전략을 특징짓는 이러한 개념들은 중국의 전통사상과 어떤 관계가 있을까?

제2차 세계대전 이후 소위 네 마리 용(한국, 대만, 싱가포르, 홍콩)이라 불리는 나라들의 눈부신 경제 발전을 분석하면서 유교적 전통이 새롭게 부각되었다. '유교자본주의론°' 같은 이론이 바로 그것이다. 그렇다면 동아시아의 유교적 전통은 자본주의와는 융합하면서 사회주의와는 융합하지 못하는 것일까? 말하자면 '유교사회주의'라는 것은 불가능할까? 실제로 중국 진보진영의 학자로 알려진 간양甘陽°°은 '유가사회주의공화국'을 주장하기도 했다.

현대 중국의 역사에서 마르크스와 공자는 줄곧 양립할 수 없는 적대적 관계였다. 그런데 1990년대에 들어와서 이 양자가 갑자기 화해를 모색하기 시작한다. 엄밀히 말하면 화해라고 할

○ **유교자본주의론** 동아시아 국가의 자본주의 발전은 유교의 문화적 유산 덕분이라는 시각이다. 일본의 경제적 발전, 한국 · 대만 · 홍콩 · 싱가포르의 눈부신 발전, 그리고 최근 경제적 도약을 이룩한 중국과 베트남이 모두 유교문화권의 국가라는 점을 근거로 하고 있다.

○○ **간양** 현재 중산대학교 인문고등교육원 원장. 그는 2012년 출간한 《문명, 국가, 대학》에서 20세기 중국의 과제가 '민족-국가'를 세우는 것이었다면, 21세기 중국의 핵심 과제는 '민족-국가'의 논리를 초월한 '문명-국가'의 틀을 제시하는 것이라고 주장했다. 연세대학교 조경란은 간양을 신좌파 지식인으로 분류, 그가 제시한 '대중화문명-국가'개념이 국가와 공모한 정치적 헤게모니라고 비판했다.

수도 없다. 그동안 마르크스는 국가 권력을 등에 업고 일방적으로, 또 사정없이 공자를 때렸다. 중국의 모든 병폐를 전부 공자 탓으로 돌렸고, 공자와 관계가 없는 일마저 '공자 탓'으로 몰아붙여 비판할 이유를 만들기도 했다. 공자에게는 변명이나 방어의 기회조차 주지 않았다. 우리가 잘 아는 문화대혁명은 공자 때리기의 하이라이트였다. 그런데 어느 순간 마르크스가 별다른 해명도 없이 우리는 적대적일 필요가 없고 친구가 될 수 있다면서 느닷없는 악수를 청해온 것이다. 정신없이 두드려 맞던 공자의 입장에서는 다소 황당하고 억울했을 법하다. 도대체 1990년대에 이런 일이 벌어진 이유가 무엇일까? 이것이 바로 이 책에서 살펴볼 핵심 주제다.

공자의 부활, 그리고 21세기 중국

다시 '화해'로 돌아가보자. 어쨌든 '화해'를 강조하는 것은 그만큼 갈등이 크다는 반증이다. 실제로 2006년 중국공산당 제16기 중앙위원회 제6차 전체회의(중공16기6중전회)에서 통과된 '사회주의 화해 사회 건설과 관련한 몇 가지 중대한 문제에 관한 결정'은 중국 사회에 광범위하게 갈등이 존재하고 있음을 시인한다. 구체적으로 도시와 농촌 등 지역 간 경제·사회 발전의 불균형은 물론이고 환경문제, 취업, 사회보장, 수입 분배, 교육, 의료, 부동산, 치안 등 많은 분야에서 갈등의 골이 점차 깊어가고 있다는 점을 지적한다. 그리고 이러한 갈등을 해결하는 방법이 과거와 같은 '투쟁'의 방식이 아니라 '화해'의 방식이어야 한다고 강조한다. 그런데 여기서 흥미로운 점은 중국의 '화해' 사상이 서구 문화와는 다른 중국 전통문화로부터 전해 내려오는 독특한 유산이라는 것이다. 바로 '화이부동(和而不同, 남과 사이좋게 지내되 자신의 중심과 원칙을 지킨다는 뜻)°', '천인합일(天人合一, 하늘과 사람은 하나라는 유교 철학)' 등 공자의 사상이다. 그러니까 21세기 중국의 국가 목표인 '사회주의 화해사회 건설'은 마르크스와 공자의 협력을 통해서만 가능하다는 논리다. 이것이 바로 중국 특유의 사회주의가 지닌 본질적 속성이다.

그렇다면 중국은 '공자'를 왜 다시 소환할까? 이 책은 이 질문에 대한 해답을 찾는 과정에서 나온 결과물이다. 다시 말해 21세기 중국의 문화산업을 통해서 중국에서 벌어지고 있는 문화적 현상의 이면을 들여다보는 것이 이 책의 목표다. 필자가 특별히 문화산업을 통해 중국을 살펴보려는 이유는 이렇다.

○ **화이부동** 《논어》 자로子路편에 수록된 화이부동의 원문은 '君子和而不同 小人同而不和'(군자화이부동 소인동이부화) 이다. 신영복은 이를 "군자는 다양성을 인정하고 지배하려고 하지 않으며, 소인은 지배하려고 하며 공존하지 못한다"고 해석한다. - 신영복, 《강의》, 돌베개, 2013

모든 국가에 문화 정책이 있듯이 중국 역시 건국 이후 문화와 관련된 다양한 정책을 시행했다. 그런데 1990년대 이전까지 중국 정부는 문화를 '사업'으로 인식했을 뿐 '산업'과 연계하지는 않았다. 2000년에 중국 정부의 공식문건에 '문화산업'이라는 용어가 처음 등장한 이후 중국 정부는 문화사업보다는 문화산업에 더 중점을 두기 시작한다. 그리고 '공자'의 소환은 이러한 문화산업으로의 인식 전환과도 밀접한 관계가 있다.

두 번째 이유는 21세기에 들어서면서 본격적으로 이루어진 디지털화와 관계가 있다. 전통미디어와 달리 디지털로 대표되는 뉴미디어의 출현은 문화의 전파가 일방향이었던 과거와 달리 쌍방향으로 발전하는 계기가 되었다. 이것은 설령 중국 정부가 정치적 목적으로 '공자'를 소환하더라도 과거와 같은 하향식 선전 방식으로는 그 목적을 달성하기 어려워졌음을 의미한다.

다시 말해 21세기 이후 중국의 전통문화는 주로 문화시장에서 상품의 형태로 소비자들에게 유통되기 때문에 소비자들의 수요를 만족시키지 못하면 아무런 의미를 가질 수 없다. 그렇기 때문에 21세기 중국의 문화현상을 제대로 이해하기 위해서는 문화의 생산자뿐만 아니라, 문화상품을 포함해 문화산업 전반에 대한 통찰이 필연적으로 요구된다. 이것이 21세기 중국의 문화현상을 특별히 문화산업을 통해 살펴보려는 두 번째 이유다.

마지막으로 문화산업을 둘러싼 다양한 주체들의 역학 관계를 통해 문화현상을 보다 풍성하게 살펴보기 위해서다. 예컨대 문화산업의 정책 주체인 정부(중앙과 지방정부), 문화상품의 생산과 유통 주체인 기업, 소비 주체인 소비자를 비롯해 창작자(예술가 포함), 출판·미디어 종사자, 대학 및 학술연구기관에 이르기까지 다양한 주체들이 문화산업을 중심으로 연계해 있고, 이러한 관계망을 살펴보면 시대적·지역적 문화현상을 보다 풍부하게 이해할 수 있기 때문이다. 이러한 작업으로 21세기 중국의 국가 비전과 과제, 중국 정부의 전략 추진 방법 등도 문화적 측면에서 한층 깊이 이해할 수 있기를 기대한다.

마오쩌둥에서 후진타오까지, 중국의 문화 전략

1장 '중국은 왜 공자를 소환했는가'에서는 중국의 발전 전략에서 문화가 어떤 역할을 하는지 알아본다. 이 주제를 문화정체성과 문화발전관을 중심으로 풀어보려 한다. 문화발전관은 주로 중국 정부 입장에서 접근할 것이다. 중국 정부가 국가 발전 측면에서 문화의 지위와 역할을 어떻게 인식하고 있는지 살펴볼 생각이다. 중국은 사회 특성상 문화의 생산 및 전파와 관련된 영역을 국가가 장악하고 있고 문화시장과 소비에도 국가의 정책이 결정적인 영향을 미치기 때문이다. 이런 관점에서 1990년대 이후 전통문화를 적극적으로 부흥시키고자 했던 중국 정부의 노력이 왜 필요했으며 그 노력이 이전과 어떻게 다르고 그 과정에서 어떤 딜레마에 부딪혔는지를 추적할 것이다.

일반적으로 국가의 문화 정책은 몇 가지 영역으로 구분할 수 있는데, 중국 정부의 문화 정책은 두 가지 영역으로 명확히 나뉘어 만들어지고 추진된다. 하나는 '문화사업', 다른 하나는 '문화산업'이다. 중국에서 이러한 두 개념이 확립된 시기는 1990년대 말에서 2000년대 초반인데 그 이전에는 그저 '문화사업'이라는 개념만 존재했다. 1990년대까지 중국 정부는 문화를 사업의 영역으로 간주했다. 중국 정부의 입장에서 문화는 사회주의 이데올로기를 전파하거나 그것을 통해 사회적 통합을 이루기 위한, 또는 정부 정책을 추진하기 위해 국민을 동원하려는 목적을 갖는 '사업'이었다. 이러한 입장은 중화인민공화국 건설 시기부터 이어졌고, 시대에 따라 구체적인 내용은 바뀌어도 기본적인 관점은 크게 변하지 않았다.

그러다 1998년 중국문화부에 문화산업을 전담하는 부서가 설립되고 2000년에는 중앙정부의 공식문건에 '문화산업'이라는 개념이 등장하면서 이후 10여 년간 중국의 문화 정책에는 문화산업을 대단히 강조하는 변화가 두드러진다. '문화산업'이라는 개념을 정책의 중심으로 끌어들인다는 것은 기본적으로 문화를 산업적 측면에서 보겠다는 의미이며, 이는 무엇보다 문화의 경제적 가치에 관심을 기울이겠다는 것을 뜻한다. 그렇다면 중국 정부는 왜 21세기에 들어서면서 문화산업에 주목했을까? 이 물음의 답을 이후 세 개의 장에서 추적하고자 한다.

중국 정부의 포부

2장에는 '쿵푸팬더의 국적이 중요할까'라는 제목을 붙였다. 미국의 드림웍스가 2008년 제작한 애니메이션 〈쿵푸팬더〉가 전 세계적으로 흥행에 성공한다. 제작 기간이 4년이었다고 하니 이 애니메이션을 2004년 무렵부터 기획한 셈인데, 이때는 중국 정부가 문화산업의 진흥, 특히 동만勁漫(애니메이션·만화·캐릭터)산업의 육성을 위해 다각도로 노력을 기울이기 시작할 즈음이다. 당시 중국의 국보로 여겨지는 판다와 전통무술 쿵후를 소재로 만든 미국 애니메이션이 전 세계에서 흥행하는 모습을 바라보는 중국의 심정은 어땠을까?

그래서였을까? 2009년 중국 정부는 문화산업 발전의 청사진이라고 할 수 있는 〈문화산업진흥계획〉을 발표하고, 2011년에는 문화산업을 국민경제의 지주 산업으로 만들겠다는 의지를 피력한다. 이 장에서는 21세기에 들어선 중국이 국가발전 전략에서 핵심적으로 내세운 과제가 무엇인지, 그리고 그 지점에서 문화산업이 왜 중요한지 살펴보려 한다.

선택과 집중, 문화 '핫 플레이스' 공략

3장 '도시로 농촌을 포위하라'에서는 중국의 지역 균형 발전에 있어서 문화산업의 역할과 기능을 살펴본다. 앞에서 후진타오 정부가 국정 기조로 '화해'를 강조했고, 이것은 사회적 갈등 구조가 그만큼 심각하다는 사실을 반증한다고 언급했는데, 이러한 갈등 구조가 극명하게 드러나는 현상 중 하나가 바로 '지역 간 격차'다. 이 현상은 개혁개방 이후 중국의 경제 발전 전략과 밀접한 관계가 있다. 잘 알려져 있다시피 덩샤오핑鄧小平과 장쩌민江澤民 시대의 국가발전 전략은 이른바 '선부론(先富論, '일부 사람을 먼저 부유하게 하라'의 준말)', 즉 핵심 지역을 먼저 발전시키고 여기서 창출되는 부를 기반으로 낙후된 지역을 점차 발전시킨다는 내용이었다. 그리고 이에 따라 선전, 상하이 등 동부 연안 지역을 우선 발전시키는 정책을 추진한다.

　　선부론 전략으로 중국은 외형적으로 엄청난 성장을 거두었다. 하지만 그로 인해 수많은 사회문제에 시달리게 되었다. 21세기에 접어들면서 이 사회문제는 더 이상 간과할 수 없는 지경에 이르렀고, 문제 해결 방안을 모색하던 후진타오 정부는 문화산업이 매우 큰 전략적 가치가 있다고 보았다. 3장에서는 중국 정부의 이러한 인식의 근거는 무엇이며, 이를 추진하기 위한 방법과 주요 사례들을 살펴본다.

올림픽으로 전 세계에 중국을 홍보하다

4장 '역사가 '우리'를 향해 다가온다'에서는 2008년 베이징올림픽 개막식을 중심으로, '사회주의 문화강국 건설'을 국가비전으로 삼은 중국의 전략을 살펴보고자 한다. 21세기 중국은 왜 경제를 넘어 문화강국으로의 도약을 국가 전략으로 내세웠을까?

1957년 마오쩌둥은 "소련이 15년 안에 미국을 따라잡겠다고 했는데 우리 중국은 15년 안에 영국을 따라잡겠다"라고 호언한다. 우여곡절 끝에 비록 지체되긴 했지만 50년 후인 2006년 중국 경제는 드디어 영국을 추월했고, 2010년에는 일본마저 따돌리면서 명실상부한 G2의 위상을 확보한다. 그러나 세계 제2의 경제대국으로 부상했는데도 종합적인 국력의 평가지표는 이러한 위상에 미치지 못한다는 사실을 중국 스스로 인정할 수밖에 없다. 특히 국가 이미지는 여전히 후진성을 면하지 못하고 있으므로 21세기 명실상부한 '강국'으로 도약하기 위해서는 무엇보다 소프트파워를 강화할 필요가 있다는 것이 중국 정부의 판단이다. 이 장에서는 중국의 전략을 전통과 문화와의 관계를 중심으로 풀어볼 생각이다.

1장

중국은 왜
공자를 소환했는가

전통을 키워드로 본 중국의 근현대

2장

쿵푸팬더의
국적이 중요할까

문화전통을 가진 자와 갖지 못한 자

3장

도시로 농촌을 포위하라

대륙의 문화거점 전략

4장

역사가 '우리'를 향해 다가온다

21세기 중국의 메시지

중국은 왜
공자를 소환했는가

전통을 키워드로 본 중국의 근현대

중국의 근현대화 과정에서 '공자'는 항상 논쟁의 중심에 있었다. 특히 5·4운 동 이후 1980년대 말까지 '공자'는 중국에서 철저하게 부정당했다. 그러나 1990년대 이후 '공자'는 다시 화려하게 부활한다. 불과 몇 십 년 전 일이 무색 할 정도다. 정부뿐만 아니라 지식계조차 과거 '공자' 비판에 대해 별다른 해명 이 없었다. 중국에서 전통의 무게는 우리가 상상하는 것 이상일지도 모르겠 다. 현대 중국에서 '공자'의 부활은 이전과는 전혀 다른 시대의 출발을 알리는 신호탄과 같다.

공자의 부활은
무엇을 의미하는가

전통을 둘러싼 중국공산당의 입장 또는 태도는 1990년을 전후로 크게 달라진다. 나중에 더 자세히 살펴보겠지만 대략 구분하자면, 1990년대 이전에는 전통을 전면적으로 부정하다가 1990년대 이후에는 그동안 부정했던 전통을 새롭게 해석하고 적극적으로 옹호하는 태도로 돌면한다. 도대체 왜 이렇게 변했을까? 우선 공자가 어떻게 부활하는지 한번 살펴보자.

1980년대부터 조짐이 보였던 공자 소환 현상은 중국의 개혁개방 정책과 밀접한 관련이 있다. 알다시피 개혁개방은 사회주의 체제에 시장경제 시스템을 도입해 생산력을 향상시키려는 정책이다. 한마디로 잘 살아보자는 정책으로, 이를 실현하기 위해 기존의 사회주의적 시스템을 대대적으로 개혁하면서 동시에 대외적으로도 문호를 개방한다.

개혁개방으로 정부 기관부터 기업, 농촌, 가정에 이르기까지 사회의 모든 조직이 돈을 벌기 위해 총력을 기울이기 시작한다. 이러한 분위기에 편승해 1984년 중국의 관광부처는 '공자탄신고향관광'이라는 프로그램을 개발한다. 물론 이것은 국내 관광객보다는 주로 해외 화교들을 공략한 관광상품이었다. 그동안 해외에 거주하는 화교들은 대륙보다는 대만과 더욱 밀접한 관계를 유지하고 있었고, 그들의 네트워크는 중국의 전통문화에 기반한 문화적 유대감으로 유지되고 있었다. 개혁개방을 통해 경제 발전을 모색하던 중국공산당이 가장 먼저 관심을 기울인 것이 바로 이 화교들의 자본과 경험이었는데 그들과 관계를 회복하는 데 있어서 전통문화는 가장 효과적인 매개체로 작용했다.

이렇게 관광상품으로 개발되기 시작한 공자는 1989년부터 '국제공자문화제'로 그 규모가 확대되면서 공자제전악무孔子祭典樂舞, 공자고향 서예전, 공자가족묘지 전시회, 경제무역상담회, 특별관광 프로그램 등 다양한 행사를 포함한다. 앞으로 살펴보겠지만 이 행사는 대단히 상징적인 사건이라고 할 수 있다.

중국 정부는 사회주의 국가를 성립한 이후 오랫동안 이런 전통적인 제례행사를 진행하지 않았기 때문에 이에 관한 많은 내용들을 제대로 계승하지 못한 상황이었다. 물론 옛 문헌의 기록이 남아 있었고 관련 전문가들도 존재했지만 40여 년의 단절이

공자의 고향인 산둥성 취푸에서 열리는 국제공자문화제 | 공자문화제는 중국 정부의 적극적인 개입으로 21세기에 들어 사회 전체로 확산되었다. (출처:산둥성관광청)

가져온 부작용은 결코 작지 않았다. 그래서 중국 관계자들은 한국의 성균관을 방문해 유교 제례의 형식들을 배워가기도 했다. 공자를 배출한 유교의 종주국이 그 문화를 받아들인 나라에 가서 관련 지식을 배우는 아이러니한 상황이 벌어진 것이다.

1980년대까지 이런 행사는 중국 정부의 묵인하에 공자의 고향인 산둥성을 중심으로 주로 민간 차원에서 추진됐다. 그런데 1990년대에 들어서면서 중국 정부는 묵인 정도가 아니라 이른바 공자의 소환과 부활에 적극적으로 개입하기 시작한다. 1990년대 초 국가 주석 장쩌민은 국가 통치 철학으로 '법치[依法治國, 의법치국]'

와 '덕치[以德治國. 이덕치국]'의 결합을 공식적으로 선포한다. 이것이 대단히 흥미로운 사건인 이유는 중국이 '법치'와 '덕치'를 전통적으로 대립 개념으로 여겨왔기 때문이다. 법가를 통치 이데올로기로 받아들였던 진시황은 중국을 최초로 통일하긴 했지만 단명해버렸고, 한漢대 이후 중국의 왕조는 유가사상을 통치 이념으로 확립하면서 '덕치'를 통치의 최고 경지로 추구했다. 그러나 서구 열강의 침탈과 함께 시작된 근대에 중국 정부는 전통적 통치 방식, 즉 '덕치'로 포장된 '인치人治'를 배격하고 서구의 근대적인 법제도를 건설하고자 했다. 이러한 경향은 사회주의 중국을 건설한 이후에도 계속되었는데, 특히 개혁개방 이후 중국의 사회주의 현대화 과정에서 '법치'의 확립은 대단히 중요한 국가적 과제로 강조되었다. 그런데 1990년대에 갑자기 '법치'와 '덕치'의 결합을 들고 나온 것이다.

1994년 10월에는 '국제유학연합회'가 창립된다. 7개의 상임 회원국과 세계 16개국이 발기한 이 조직은 초대 회장으로 구무谷牧 전 중국 국무원 부총리를, 명예이사로 리콴유李光耀° 전 싱가포르

○ **리콴유** 26년 간 싱가포르를 집권한 리콴유는 유교적 철학에 바탕을 둔 '아시아적 권위주의'로 유명했다. 개발독재를 펼친 '독재자'와 싱가포르를 눈부시게 발전시킨 '공로자'라는 평가를 동시에 받았다.

수상을 추대하고 유학사상 연구, 유학의 정수 계승, 유학정신 발양을 통한 인류의 자유평등 실현, 평화발전 및 지속번영 촉진을 종지로 삼겠다고 선언한다. 이 연합회의 출범에 당시 장쩌민 주석과 주룽지朱鎔基 총리는 1억 위안(약 180억 원)을 기금으로 지원하기도 했다.

중국 전체로 퍼진 공자 부활 운동

21세기에 들어서 공자 부활 운동은 중국 사회 전체로 확산되고 정부의 지원 역시 크게 늘어난다. 공자 탄신 2556년째 해인 2005년에는 산둥성 취푸에서 '글로벌합동제'가 열렸는데 이 행사를 중국중앙방송CCTV에서 4시간 넘게 생중계하기도 했다. 2007년에 개최한 '세계유학대회국제발기회의'에서는 산둥성 성장과 문화부 부부장(차관급)이 석전대제釋奠大祭°에 참가했고, 중국 국제공자문화주간에는 전 세계 유명인사 4천여 명이 행사에 초대되었다. 국제 페스티벌 · 이벤트 협회IFEA는 '중국국제공자문화제'를 국제적인 영향력을 갖는 10대 페스티벌 중 하나로 선정하기도 했다.[1] 2011년

○ **석전대제** 공자를 비롯한 선성先聖과 선현先賢들에게 제사를 지내는 의식으로 모든 유교적 제사 의식의 전범이며 가장 규모가 큰 제사를 말한다.

1월에는 톈안먼광장 마오쩌둥 사진 맞은편에 높이 10미터짜리 공자상을 세우기도 했다. 중국 현대사의 상징인 톈안먼광장 앞에 들어선 공자상은 중국 내에서 큰 반향을 일으켰으나 별다른 해명 없이 100일 만에 국가박물관 내부로 이전되었다.

이러한 사회적 분위기에 맞춰 '경전독서운동'도 활발히 전개된다. 베이징대학의 '유가장서儒家藏書편찬센터'는 유가경전을 정선해 재편집하는 편찬사업을 진행하고 있는데 한국, 일본, 베트남 등의 유가장서를 망라한 책 400권 출간을 목표로 하고 있다. 2005년에 인민대학은 '국학원'을 설립했고, 중국사회과학원은 '유교연구센터'를 설립했으며, 2006년 6월에는 국제유학연합회와 베이징정법대학이 유학전공 인재 양성을 목적으로 유학대학원 석사과정을 공동으로 개설했다. 같은 해 중국공자기금회는 공자의 인仁과 예禮를 표현한 '공자표준초상화'를 제작했고, 2007년에는 '중국공자네트워크(www.chinakongzi.org)'라는 웹사이트도 개통했다. 이렇듯 1990년대 이후 중국에서 공자는 화려하게 부활한다.

여기서 질문을 하나 해보자. 중화인민공화국 성립 이후 20세기 말까지 중국 정부가 지정한 국가 공휴일에는 어떤 날이 있었을까? 2005년 이전까지 중국의 국가 공휴일은 3일뿐이었다. 즉 춘절(설날)과 노동절(5월 1일), 국경절(10월 1일)이 그것이었는데 공식적으로는 각각 사흘간 휴일로 지정되었다. 즉 춘절을 제외한 다른 전통명절은 사회주의 중국에서 그다지 중요하게 여겨지지 않은 셈이다. 그런데 2005년 단오절이 국가 공휴일로 지정되더니 2008년에는 노동절 휴일이 하루로 줄고 그 대신 청명절과 중추절(추석)이 공휴일로 지정된다. 21세기에 들어 전통명절이 다시 부활한 것이다. 물론 이런 변화는 1990년대 이후 전통을 대하는 중국의 태도가 달라졌기 때문이기도 하지만 한국으로부터 받은 자극도 결정적인 역할을 했다. 2005년 한국의 '강릉단오제'가 유네스코 인류무형문화유산에 등재되자 중국에서는 한국이 자신의 전통명절을 강탈해갔다며 엄청난 비난을 쏟아내는 한편 전통문화를 대하는 태도를 바꾼다.

전통의 부활, 21세기 중국을 이해하는 키워드

국가가 전통문화를 보호하고 복원하는 것은 이상한 일이 아니다. 그러나 21세기 중국에서 일어난 전통의 부활은 더욱 특별하게 살펴봐야 하며 이것은 현대 중국을 이해하기 위한 핵심적인 과제 중 하나다. 중국의 경우 전통에 관한 문제가 대단히 복잡한 맥락을 갖고 있기 때문이다. 이 복잡한 맥락을 이해하려면 우선 20세기 초반으로 거슬러 올라가야 한다. 시기 구분의 논란이 없지는 않지만 일반적으로 중국학자들은 1919년 5·4운동, 특히 이 시기에 진

문화운동의 신호탄, 〈신청년〉 | 신문화운동의 핵심 리더였던 천두슈는 잡지 〈신청년〉을 통해 문학혁명을 주창하여 5·4운동의 사상적 근거를 마련했다.

행되었던 '신문화운동'을 근대와 구분할 수 있는 현대의 출발로 본다. 사실 5·4운동은 실제로는 1917년 〈신청년〉이라는 잡지를 통해 이미 시작되고 있었다. 그들은 왜 '문화운동'을 선택했을까?

중국의 근대와 현대를 가른
5·4운동

아다시피 중국의 근대는 1840년 아편전쟁이 그 출발점이다. 그러니까 중국의 근대는 서구 제국주의의 침략으로부터 비롯된 국가적 위기에서 시작했고, 따라서 중국 근대화의 과제는 이러한 위기를 극복하기 위한 방법을 모색하는 데 집중된다. 아래로부터의 혁명인 태평천국운동(1851년~1864년)을 비롯해 위로부터의 개혁인 양무운동(1861년~1894년), 변법자강운동(1898년)에 이르기까지 중국은 다양한 실험을 시도한다. 여기서 주목할 만한 사실은 이러한 근대화 과정에서 중국은 자신들의 전통을 굳건하게 지키려 했다는 점이다. 예컨대 양무운동의 리더인 쩡궈판曾國藩이 태평천국운동을 진압하기 위해 내건 가장 강력한 슬로건은 바로 유교·성인聖人의 교설敎說, 전통윤리 방위의 필요성이었다. 캉유웨이康有爲의 변법자강운동도 유교 해석, 즉 공자가 개혁자였다는 캉유웨이 본인의 해석에 입각한 것이었다. 특히 청말의 극단적 보수파들은 공자 제사에 대단한 열의를 보이는데, 1906년 서태후西太后는 공자에게 최고의 제전을 바쳐야 한다고 포고하기도 했다.

물론 중국이 근대화 과정에서 서구문화를 무조건 배척한 것은 아니다. 부국강병을 위해 서구의 장점을 적극적으로 배우려고 노력했다. 서구의 선진 기술을 학습하고자 했고, 근대적 제도를 수용하기도 했다. 그러나 중서문화에 대한 중국의 기본적 태도는 여전히 중국의 전통을 근본으로 한다는 이른바 '중체서용(中體西用, 중국 본래의 유학을 신념으로 하되 부국강병을 위해 서양문명을 받아들이자는 주장)'이었다. 심지어 신해혁명(1911년)°을 통해 봉건왕조가 무너진 후에도 이런 입장을 견지하고 강화하기까지 한다. 1912년 상하이에서는 민족의 정통성을 중시한 사대부 계층이 공교회孔敎會°°를 설립한다. 1913년에는 국회의 헌법기초위원회가 중화민국 헌법초안을 기초하면서 유교를 국교로 제정하려는 조항을 제안했고, 결국 절충안으로 낙찰된 헌법 제19조는 "국민교육상 공자의 도를 수신

○ **신해혁명** 1911년에 일어난 중국의 민주주의 혁명으로 이 혁명으로 인해 쑨원孫文을 대총통으로 하는 중화민국이 탄생했다.

○○ **공교회** 1898년 변법자강운동을 주도했던 캉유웨이가 신해혁명 직후인 1912년에 공자 사상을 종교적으로 개조해 현대 사회에 맞는 국교를 만들고자 조직했다.

의 근본으로 한다"라고 명시하고 있다.

중국 낙후의 원인을 '전통'에서 찾다

이러한 흐름은 위안스카이袁世凱의 황제복귀운동(1915년)°으로 정점으로 치닫는다. 특히 캉유웨이는 "만일 민중이 유교경전을 읽지 않으면 어떻게 행동해야 할지 모를 것이다. 공자의《춘추春秋》는 실로 한漢대 이후 재판 등 주요 문제들의 결정에 준거가 되어온 전통적 중국 헌법이었다. … 그러므로《논어》를 절반만 사용해도 전국을 통치할 수 있다"라고 역설하면서 유교가 2천 년간 중국을 지배해왔으므로 이를 폐기하면 중국이 분열하고 멸망할 것이라 주장한다. 모든 국가에는 정신적 기초가 있어야 하는데 공자의 가르침이 바로 중국의 기초이므로 '유교' 없이는 중국도 없다는 뜻이다. 그러고는 다음과 같은 방안을 제안한다. "첫째, 대총통으로부터 지현에 이르기까지 모든 관료들은 매월, 그리고 중요한 때에 공자에 제사해야 한다. 둘째, 대학에서 소학까지 각급 학생들은

○ **황제복귀운동** 신해혁명 이후 쑨원과의 약정에 따라 대총통에 오른 위안스카이는 이에 만족하지 않고, 1915년 12월에 중화민국 연호를 폐지하고 중화제국이라 바꾼 뒤 스스로를 황제(홍헌제: 洪憲帝)라 칭했다. 그러나 내외부의 격렬한 반대에 부딪쳐 1916년 3월 군주제를 취소했다.

모두 유교경전을 읽어야 한다. 셋째, 국가에서 공교회를 설립하고 보조금을 주어야 한다." 이 시기의 분위기를 충분히 짐작케 하는 내용이지 않은가?

　아무튼 '중체서용'에 기반한 중국의 근대화 노력은 결국 실패한다. 당연한 말이지만 이러한 실패의 원인이 전통을 고집스럽게 부여잡고 있었기 때문은 아니다. 당시의 피할 수 없는 시대적 흐름이었다고 보는 편이 정확하다. 이러한 과정에서 중국인들, 특히 중국 지식인들의 사고에 커다란 변화가 생겼다는 점에 주목할 필요가 있다. 근대적 개혁들이 실패로 돌아간 뒤 중국 지식인들은 더 근본적인 문제에 대한 질문을 던지기 시작한다. 다시 말해 세계의 중심으로 자처했던 중국이 이처럼 뒤떨어진 원인이 무엇이며, 반대로 서구 열강이 강성해진 이유가 무엇인지 궁금해 한다. 그리고 새로운 시대를 준비하고 있던 5·4운동 지식인들은 다음과 같은 결론에 도달한다. 바로 서구의 발전 동력은 '민주'와 '과학'에 있으며, 중국이 낙후된 근본 원인은 유교를 핵심으로 하는 '전통'에 있다는 것이다. 그러니까 중국의 전통문화는 소위 '민주'와 '과학'과는 거리가 멀고, 오히려 '민주'와 '과학'의 발전을 저해하고 있다고 인식한 것이다.

　이러한 인식의 타당성 여부는 이 책의 주제가 아니다. 문제는 당대 지식인이나 청년들에게 이러한 주장이 대단히 설득력 있게

먹혀들었고 또 광범위하게 확산되었다는 점이다. 그리고 중국의
현대화 기획은 바로 이들 5·4운동 지식인들의 손으로 넘어간다.

5·4운동, 전통을 거부하다

5·4운동이란 소위 1919년 5월 4일 베이징의 학생들이 당시 중국
정부의 굴욕적인 대일본 정책에 항의해 대규모 시위를 일으킨 사
건을 의미하지만 훗날 중국에서는 보다 광범위한 뜻을 지닌, 즉
대략 1917년부터 1921년에 걸쳐 진행된 신문화운동을 가리킨다.

이 운동의 시발점을 살펴보자. 1914년 독일이 제1차 세계대
전을 일으키자 1915년 일본은 중국 침략을 선점하기 위해 독일
에 선전포고를 하고, 소위 '21개 조항'을 위안스카이 정부에 요구
한다. 이때 일본 요구의 핵심은 바로 중국의 산둥성에서 독일이
갖고 있던 권리를 일본에게 넘기라는 것이었다. 이에 위안스카
이 정부는 일본의 최후통첩에 굴복해 21개 조항을 수락한다. 이
후 1917년 중국은 독일에 선전포고를 하고, 연합국의 일원으로
참전한다. 제1차 세계대전이 끝난 다음해인 1919년 파리에서 열
린 강화회의에서 중국은 패전국 독일이 산둥성에서 갖고 있는 권
익을 돌려줘야 한다고 주장한다. 그러나 21개 조항 중 산둥성에
관한 문제는 중·일간의 문제라는 일본의 주장에 따라 영국, 프랑

스 등의 연합국은 결국 일본의 손을 들어준다. 일본에게 산둥성의 권익을 빼앗겼다는 전보가 1919년 4월 30일, 베이징에 퍼졌고 이는 5·4운동이 벌어지는 결정적 계기가 된다.

물론 1919년 5·4운동의 사상적 기반은 이미 언급한 바와 같이 1917년부터 시작된 이른바 신문화운동에 있다. 그리고 이들 지식인은 중국 낙후의 원인을 '전통'에서 찾았다. 이들은 '중체서용'의 논리도 비판한다. 신문화운동의 핵심 리더였던 천두슈와 후스는 1918년 독자에게 보낸 편지에 이렇게 쓰고 있다. "구문학·구정치·구윤리는 언제나 하나의 테두리에 속해 있으니 어떤 것은 버리면서 어떤 것을 보존하는 일은 불가능하다. 반대를 우려해 개혁 중에 타협하고 중도에 그치는 것은 동양적인 행동이다. 이것이 지난 수십 년간 개혁 운동이 실패한 최대 원인이다." 이제 이들은 중국의 근대화를 가로막는 '전통'을 전면적으로 부정하는 입장을 취한다. 특히 젊은 학생들은 전통적인 가족윤리에 대한 공격을 열성적으로 진행했다. 1919년 11월 항저우의 절강성립제일사범학교 학생은 학생잡지에 〈효를 반대한다非孝〉라는 제목의 논설을 발표하기도 했다. 이 잡지는 결국 중국 정부의 탄압을 받았고, 학교 역시 1920년 봄에 폐쇄되었다.

여기서 한 가지 흥미로운 점은 중국의 전통을 바라보는 외국인들의 태도다. 당시 중국의 조계당국과 외국인 기업가들은 전통적인 중국의 법률과 관습이 낡았다는 이유로 각종 조약에서 특권을 요구하고 있었다. 그러나 이와 동시에 그들은 전통적인 법률·제도·관습·윤리의 보존을 옹호하는 중국의 보수파들을 지지했다. 영국 철학자 버트런드 러셀Bertrand Russell은 이러한 외국인들을 이렇게 비판했다. "오늘날 중국은 급진적이고 새로운 견해를 요하는 문제들에 직면해 있는데 유교체계는 그 자체가 지닌 특성 때문에 현대 중국에 필요한 재건의 걸림돌이 되고 있다. 따라서 그들 외국인은 모두 중국 전통을 찬양하고, 근대적 필요에 적합한 것을 건설하려는 젊은 중국의 노력을 조소하면서 중국을 착취하려 하고 있다."

민족주의에 뿌리를 둔 반反전통주의

제국주의 침략에 직면해 있는 국가에서 민족주의가 강력하게 나타나는 것은 어찌 보면 당연한 현상이다. 그리고 이때 민족주의는 민족의 동질성 및 자존감과 자신감을 회복시켜 외세에 대항할 수 있는 응집력을 강화하는 역할을 한다. 따라서 피압박민족의 민족주의는 일반적으로 전통에 대한 발굴과 복원, 새로운 해석 등에 천착하는 경향을 보인다. 우리나라도 예외는 아니다. 일제강점기에 신채호가 쓴 〈조선상고사〉와 같은 글이 대표적이다. 그런데 중국은 이런 일반적인 경향과 약간 다르다. 물론 중국에도 민족주의가 다양한 형태로 나타나며 심지어 국수주의자로 불리는 사람들도 등장한다. 그러나 우리가 5·4운동을 주도한 지식인들을 특별히 주목하는 이유는 전통에 대한 그들의 태도와 더불어 그 태도가 20세기 중국 전반에 미친 영향 때문이다.

필자는 이들 5·4운동 지식인들도 기본적으로 민족주의에 그 뿌리를 두고 있다고 생각한다. 물론 이들은 중국의 전통을 전면적으로 부정하는 입장을 취한다. 즉 '반전통적 민족주의' 경향을 보이는 것이다. 중국 현대 문학사에서 가장 뛰어난 작가로 불리는 루쉰魯迅은 단편소설 《광인일기》에서 다음과 같이 묘사한다.

"나는 역사를 훑어보았는데, 거기엔 연대가 없고 페이지마다 '인仁·의義·도덕道德'이란 글자가 어지럽게 적혀 있었다. … 아무래도 잠을 이룰 수가 없어 밤중까지 자세히 살펴보았는데, 마침내 책은 '식인喫人'이란 글자가 글자 틈 사이로 가득 차 있음을 알게 되었다. … 4천 년간 무의식적으로 식인을 하고서 이제야 깨달아 참된 인간을 대하려니 몹시 창피하다."

5·4운동의 대표적인 지식인으로 중국에서 백화문白話文운동°, 즉 언문일치 운동을 선도했던 후스와 같은 사람은 후에 심지어 '전면적인 서구화'를 주장하기도 한다. 전통에 대한 철저한 배척

5·4운동을 주도한 대표적 지식인 | 중국의 사상가이자 교육자 후스(왼쪽)는
전통을 전면적으로 부정했다. 루쉰(오른쪽)은 〈신청년〉에 《광인일기》와 《아큐정전》등을
발표하면서 중국 현대문학을 선도했다.

인 셈이다. 다분히 전략적 언설로 보이기도 하는 후스의 말을 빌
리면 "중국 전통의 멍에는 너무 무거워서 이렇게 극단적인 주장
을 해야만 겨우 조금 움직일 수 있다"는 것이다. 또 다른 극단적
인 서구화론자는 한자를 폐지하고 알파벳을 사용하자고 주장하
기도 한다.

한편 이미 언급한 바와 같이 5·4운동의 사상적 진지가 되었
던 잡지가 바로 〈신청년〉이다. 왜 '신청년'이라는 이름을 붙였을

○ **백화문운동** 일상 생활에서 쓰는 구어문인 백화문을 어려운 문어 대신
사용하자고 주장한 운동

까? 중국의 미래와 희망이 새로운 청년들에게 있다는 기대와 신념 때문이었다. 그렇다면 왜 청년일까? 청년이야말로 중국의 발전을 저해하고 있는 전통에 가장 덜 오염된 사람들이라는 것이 그들의 논리다. 전통으로부터 가장 자유로운 사람들! 아직 전통의 구속에 얽매이지 않은 사람들! 그래서 루쉰은 중국의 전통을 '식인'으로 묘사하면서 '아이들을 구하라!'라고 외친다.

문화는
정치, 경제만큼 중요하다

5·4운동의 반전통주의적 경향은 사회주의를 지향했던 중화인민공화국에서도 지속된다. 물론 사회주의 중국으로 이어진 반전통주의는 5·4운동 시기와는 달리 마르크스주의로 그 정당성을 확보한다. 더 정확하게 말하자면 마오쩌둥주의라 해야 할 것이다. 항일전쟁이 한창이었던 1940년, 국민당에 쫓겨 중국 서북부 옌안에 둥지를 틀었던 마오쩌둥은 중국공산당이 건설할 새로운 국가의 방향성에 관한 중요한 문건을 발표한다. 〈신민주주의론〉이라는 이름의 이 문건에서 향후 사회주의 중국이 취하는 문화 정책의 이념적 기초가 만들어진다. 그리고 이것의 기본은 21세기인 현재까지도 유효하다.

　　〈신민주주의론〉을 통해 마오쩌둥이 밝힌 '문화'에 대한 관점을 간단히 정리하면, 우선 마오쩌둥은 중국공산당의 투쟁 목적

이 '중화 민족의 새로운 사회와 새로운 국가를 건설'하는 데 있음을 명확히 하고, 새로운 사회와 새로운 국가를 구성하는 세 가지 핵심적인 요소가 바로 새로운 정치(신정치), 새로운 경제(신경제), 새로운 문화(신문화)에 있음을 강조한다. 그러니까 정치·경제·문화의 삼위일체가 바로 국가 건설의 핵심 과제이며, 마오쩌둥의 말을 빌리자면 이 삼자의 관계는 "일정한 문화는 일정한 사회의 정치·경제적 반영이며, 또한 일정한 사회의 정치와 경제에 영향을 미친다"라는 것이다.

그렇다면 새로운 국가가 지향하는 새로운 문화란 어떤 종류일까? 〈신민주주의론〉에서는 그것을 세 가지로 정리하고 있는데 첫째는 민족적 문화, 둘째는 과학적 문화, 셋째는 대중적 문화다. 여기서 '민족적 문화'란 반제국주의 노선과 관련이 있는데 특히 문화의 형식적인 면을 강조하는 점이 눈에 띈다. 즉 중국 문화는 자기만의 형식이 있어야 하며, 그것이 바로 민족의 형식이라는 것이다. 당연히 '전반서화론(全般西化論, 중국의 역사와 문화를 비판하고 서양의 선진적인 문화를 전면적으로 수용하자는 입장)'에는 비판적인 입장을 보인다.

'과학적 문화'란 봉건적인 사상과 미신을 반대하고 실사구시를 주장하는 것이다. 물론 마오쩌둥이 중국의 전통문화를 모두 반대한 것은 아니다. 그는 중국이 봉건사회 속에서 찬란한 고대문화를 창조했다는 점을 인정하고, 다만 이러한 전통문화 가운데 봉건적인 요소는 버리되 민주적인 요소는 적극적으로 계승해야 한다는 점을 강조한다. 그러나 이러한 구분은 상당히 정치적일 수밖에 없으며, 실제로 그렇게 진행되었다. 무엇이 봉건적 요소이고 무엇이 민주적 요소일까? 그 기준은 무엇이며 그 판단은 누가 할 수 있을까?

마지막으로 '대중적 문화'란 마르크스주의의 계급론에 기반을 둔 것으로, 새롭게 건설할 신문화는 중국 민족의 90퍼센트에 달하는 농민, 노동자 등 민중들을 위해 복무하며 나아가 그들의 문화가 되어야 한다는 것을 의미한다.

이처럼 민족적·과학적·대중적 문화를 건설하는 문제는 사회주의 중국에서 문화 정책의 핵심적인 원칙으로 자리 잡는다. 그런데 이러한 관점에 있어서 전통문화에 대해서는 여전히 부정적일 수밖에 없다. 사회주의 국가 건설에서 반봉건은 핵심적인 사상 투쟁의 영역이기 때문이다.

여기서 한 가지 강조하고 싶은 것은 사회주의 중국의 국가 건설 과정에서 문화가 차지하는 위상과 역할에 관한 중국지도부

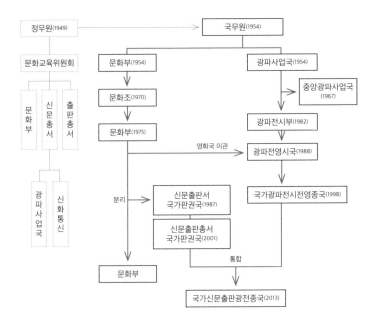

[표1] 중국 문화 행정 조직 변천도

의 인식이다. 앞에서 설명한 것처럼 중국은 문화를 정치 및 경제
와 동등한 위상으로 여겼다. 제도적으로 중국공산당 조직 내 선
전부의 기능을 크게 강조했고, 행정적으로는 문화부가 건국 초기
부터 중요한 정부 조직으로 자리 잡는다. 1990년에 이르러서야
비로소 문화부가 교육 혹은 공보 기능으로부터 독립적인 위상을

확보한 우리나라와 비교하면 중국이 국가 건설 및 발전 과정에서
문화를 얼마나 중시했는지 엿볼 수 있다.

문화대혁명,
전통과 싸우다

이제 그 유명한 '문화대혁명'을 살펴보자. 물론 초점은 전통이다. 문화대혁명이 발생한 원인이 무엇이며 그 경과는 어떠했고, 그것을 어떻게 평가할지 등은 대단히 복잡하고 어려운 문제다. 이 문제는 중국 내에서 여전히 금기시하고 있으며, 관련 자료도 제대로 공개되지 않고 있다. 그러나 문화대혁명의 과정에서 전통문화에 대한 입장은 매우 분명하게 나타난다.

문화대혁명이란 무엇을 의미할까? 문화대혁명을 일으킨 주동자들은 문화대혁명을 '인민 영혼의 대혁명°'이라고 규정한다.

○ **인민 영혼의 대혁명** 중국공산당은 1966년 8월 8일, 중공8기11중전회에서 통과된 〈프롤레타리아 문화대혁명에 관한 결정〉의 제1조 첫 문장에서 "목전에 전개되고 있는 프롤레타리아 문화대혁명은 인민의 영혼을 건드리는 대혁명이며, 우리나라 사회주의 혁명 발전이 더 깊고 더 광활해지는 새로운 단계다"라고 언급했다.

그렇다면 1966년 중국에서 인민 영혼의 대혁명이 왜 필요했을까? 주동자들의 주장을 이렇게 정리할 수 있다. 앞에서 살펴본 것처럼 새로운 국가 건설에는 세 가지 핵심적인 요소가 필요하다고 인식했다. 새로운 정치, 새로운 경제, 새로운 문화가 그것이다. 1949년 중화인민공화국이 건국되자 중국공산당의 당면 과제는 새로운 국가에 맞는 시스템을 갖추는 것이었다. 그리고 1956년 경에 이르러 사회주의적 정치 체제, 사회주의적 경제 체제의 기본이 완성된다. 아니 중국 정부가 사회주의 체제의 완성을 선포한다. 중국 민중을 대표하는 중국공산당이 권력을 독점하고, 자본주의 모순의 근원인 생산수단의 사적소유를 폐지해 국유화에 성공했으니 중국 정부의 이러한 선언이 허언은 아니다. 또한 사회주의적 정치·경제 체제가 완성되었으므로 '문화는 사회의 정치·경제적 반영이다'라는 논리에 근거해 사회주의적 문화가 자연스럽게 형성될 것이라 여겨졌다.

그러나 1950년대 중후반부터 1960년대까지 중국은 재난과 다름없는 시련°을 겪는다. 이것을 어떻게 설명할 수 있을까? 중

○ **재난과 다름없는 시련** 1957년 말 대약진 운동의 실패와 1960년부터 시작된 자연재해를 말한다. 역사학자인 마리-클레르 베르제르Marie-Claire Bergere는 《중국현대사》에서 "대약진 운동의 실패로 최소 1,500만 명 이상이 사망했으며 발전 도상의 중국을 거의 10년이나 뒤처지게 만들었다"고 언급했다.

국공산당의 주장에 따르면 사회주의는 자본주의보다 우월한 체제다. 우월한 체제라면 생산력이 급속히 향상되어야 하고, 따라서 당연히 잘살아야 한다. 그런데 그렇지 못했다. 도대체 무엇이 문제일까? 사회주의적 체제의 완성을 선포한 것은 사회주의의 적대 세력인 자본가 계급을 이미 타도했음을 의미하므로 더 이상 책임을 전가할 계급도 없었다. 실제로 1956년 제8차 당 대회에서 덩샤오핑은 공업의 국유화 및 농업의 집단화와 함께 계급투쟁은 사실상 사라졌다고 선언했다.

흥미롭게도 문화대혁명의 주동자들은 전통문화로부터 그 해답을 찾는다. 그렇다고 문화대혁명의 발생 원인이 전통문화와 관련되어 있다는 뜻은 아니다. 사실 문화대혁명의 발생 원인을 규명하는 일은 쉽지 않기 때문에 1960년대 중반을 전후로 심각하게 드러난 사회적 불평등 문제와 중국사회에서 새롭게 형성된 계급구조의 성격을 자세히 살펴보아야 한다. 1966년 통과된 〈프롤레타리아 문화대혁명에 관한 결정〉에서 문화대혁명의 목적을 '자본주의 노선을 걷는 당내 실권파를 타도하는 것'이라고 규정한 바와 같이 중국공산당 내부의 권력 투쟁은 문화대혁명을 이해하는 핵심적인 문제라고 할 수 있다. 그런데 여기서 주목할 점은 이러한 권력투쟁이 문화의 외피를 쓰고 나타났다는 사실이다.

그 내용은 다음과 같다. 1965년 11월 문학비평가 야오원위안(姚文元, 4인방의 한 사람)이 희곡 〈하이루이의 파면海瑞罷官〉을 비판하는 논문을 게재하면서 문화대혁명의 서막이 올랐다. 〈하이루이의 파면〉은 역사가이자 베이징 부시장이었던 우한吳晗이 명나라를 배경으로 쓴 일종의 풍자극인데, 탐욕스러운 지주와 부패한 관료들이 농민의 토지를 겸병兼併하는 것에 항의한 하이루이海瑞가 전제군주로부터 파면된다는 내용이다. 우한은 이 풍자극을 통해 전제군주는 마오쩌둥을, 청렴한 관료는 펑더화이彭德懷를, 그리고 토지의 겸병은 1959년 펑더화이가 자신의 정치적 몰락을 감수하고 강력히 반대했던 '대약진운동'°을 비유했다. 물론 우한의 뒤에는 류사오치, 덩샤오핑, 펑전彭眞과 같은 지도자들의 보호가 있었다. 반대로 마오쩌둥의 지원을 받은 야오원위안은 농민에게 토지를 되돌려준다는 이 희곡의 메시지가 "인민공사를 붕괴시키고 지주와 부농의 범죄적인 통치를 회복하기" 원하는 자들에게 사상적 지원을 하고 있다고 비판했다. 야오원위안으로부터 촉발된 문화계의 이러한 비판과 논쟁은 1966년 봄을 지나면서 점차 정치적으로 변모, 증폭했고 문화대혁명의 시발점이 되었다.

○ **대약진운동** 마오쩌둥이 1958년부터 1960년까지 주도한 경제성장운동이다. 그는 이 운동을 통해 노동력 집중화 산업을 추진했으나, 여러 악재가 겹치면서 수천만 명이 굶어 죽었고, 이 운동은 결국 실패로 끝났다. 이 사건으로 마오쩌둥은 국가주석직을 사임하게 된다.

저우언라이周恩来, **마오쩌둥, 린뱌오**(왼쪽부터) | 1966년 8월 18일 문화대혁명 경축대회에서 린뱌오는 홍위병들에게 '네 가지 옛 것'을 타파하자고 호소했다. 마오쩌둥의 지지를 받아 중국공산당 제2인자로 부상했던 린뱌오는 이후 반혁명분자로 몰린다. (출처:연합뉴스)

마오쩌둥, 전통과의 한판 승부를 벌이다

마오쩌둥을 등에 업은 문화대혁명 주동자들은 당시 중국공산당의 권력을 장악하고 있던 소위 '당권파'를 비난한다. 즉 '자산계급은 이미 타도되었으나 (당권파가) 네 가지 옛 것四舊, 즉 구사상·구문화·구풍속·구습관을 이용해 인민을 오염시키고 민심을 정복해 복벽復辟을 획책하고 있다'라는 것이다. 따라서 그들은 프롤레타리아 계급의 신사상·신문화·신풍속·신습관으로 사회 전체의 정신 구조를 변화시켜야 한다고 주장한다. '네 가지 옛 것을 타파하라'라는 뜻의 파사구破四舊는 문화대혁명 초기의 핵심적인 구호였고, 이 기간 동안 중국의 전통문화는 처참하게 파괴된다. 다시 말해 정치와 경제 분야에서 사회주의적 체제를 건설했지만 문화 영역에서 완전한 사회주의적 개조가 진행되지 못함으로써 사회주의 국가 건설이 미완의 과제로 남아 있다는 것이다.

　　문화대혁명 기간에 일어난 반전통주의 운동 가운데 재미있는 사건이 하나 있다. 문화대혁명 주동자이자 중국공산당 제2인자로 부상했던 린뱌오林彪는 1971년 쿠데타를 도모했다가 실패하고 가족과 함께 외국으로 도피하던 중 비행기 추락으로 사망한다. 린뱌오의 사망은 의문스러운 점이 많았지만 중국 정부에 의해 사고사로 발표된다. 이후 당연히 린뱌오는 반혁명분자로 대대적인 비판을 받는다. 여기서 흥미로운 점은 린뱌오에 대한 비판이 공자에 대한 비판과 결합해 진행됐다는 것이다. 이것이 소위 '비림비공批林批孔 운동'이다.

역사적 반동 인물로 엮인 공자와 린뱌오

공자와 린뱌오를 어떻게 같이 엮을 수 있었을까? 린뱌오는 인민 영혼의 대혁명을 주창하고 '네 가지 옛 것', 즉 봉건적인 전통문화의 타파를 주창했던 사람이다. 그런 그가 공자와 같은 부류라니 언뜻 이해하기 어려울 수 있다. 여기에는 중국의 전통 가운데 유교적 전통과 법가적 전통을 구별하는 마오쩌둥의 관점이 반영되어 있다. 마오쩌둥의 견해에 따르면 유교는 근대 사회에서도 반동적인 철학일 뿐만 아니라 공자가 살았던 당대에도 반동이었다는 것이다. 다시 말해 공자는 노예제 사회에서 봉건제 사회로의 진보적인 역사 이행을 방해하는 이론의 창시자였으며, 노예 소유주인 귀족의 이익을 대표하고 중국 고대의 정치적·영토적 분열을 고수하는 역사적 반동 인물이라는 말이다.

마르크스주의의 역사 발전 법칙에 따르면 인류 사회는 원시 공동체 사회에서 노예제 사회로, 다시 봉건제 사회를 거쳐 자본주의 사회로 발전했고, 향후 사회주의 사회를 거쳐 공산주의 사회로 발전한다고 한다. 진화론에 입각한 역사발전관이다. 그런데 공자가 살았던 춘추전국시대는 노예제 사회에서 봉건제 사회로 넘어가는 이행기에 해당한다. 비록 혼란스럽기는 해도 그 시대는 발전을 위한 하나의 과정이자 다음 시대를 위한 토대라 할 수 있다. 그러나 잘 알다시피 공자는 옛 시대인 주周나라의 예악을 숭상하고 그것의 복원을 꿈꿨다. 중국공산당은 공자의 이러한 복고적 태도와 사상이 역사의 발전에 역행한다고 여겼다. 중국공산당 입장에서 보면 공자와 유교사상은 농민에게 순종을 강요하고 혁명을 반대하며 노예제를 옹호하는 반동사상이었던 것이다.

이와 반대로 진시황의 통일과 권위적인 법가 이론은 역사적 진보성을 지니고 있다고 평가받았다. 진시황은 중국 최초의 통일 왕조를 건립해 새로운 시대, 즉 노예제 사회를 마감하고 한층 발전된 봉건제 사회를 열었다. 이로써 진시황은 당연히 역사적 진보성을 획득했다. 이러한 관점에 따라 1973년 여름부터 공자와 유교를 공격하는 논문이 대중적인 신문과 잡지에 대대적으로 실리기 시작한다.

사실 '비림비공 운동'이 중국 국민들에게 던지는 메시지는 분명하다. 즉 마오쩌둥은 현대의 진시황제로서 객관적인 역사 변화의 힘을 인식하고 이에 따라 행동해 국가의 단결, 정치적 중앙집권화, 근대적 경제 발전을 이룩했다는 것이다. 반대로 린뱌오는 역사의 진보와는 정반대 편에 서서 정치적 파벌주의, 영토분리주의, 시대착오적인 사상과 낡은 사회관계를 조장했던 과거 유학자들의 현대적 화신으로 묘사된다. 이렇게 린뱌오와 공자는 교묘하게 엮인다. 린뱌오와 같은 반혁명분자의 뿌리가 바로 공자를 대표하는 유교적 전통에 있었다는 것이다.

개혁개방으로
서구문화를 수용하다

1976년 마오쩌둥의 사망과 함께 문화대혁명은 사실상 끝이 난다. 그리고 1978년 정권을 장악한 덩샤오핑은 '개혁개방'을 선언한다. 문화대혁명 기간에 박해를 받았던 덩샤오핑과 중국공산당 지도부는 문화대혁명에 당연히 비판적인 입장을 취한다. 그렇다면 우리가 관심을 갖고 있는 전통문화에 대해서 덩샤오핑 정부는 어떤 입장이었을까? 문화대혁명을 오류였다고 평가했으니 문화대혁명 기간에 진행된 반전통주의 운동도 잘못되었다고 평가했을까? 결론부터 말하자면 덩샤오핑 정부도 전통에 대해서는 여전히 비판적인 입장을 견지한다. 왜 그럴까? 이 점을 이해하기 위해서는 개혁개방 노선의 맥락을 살펴봐야 한다.

　잘 알다시피 개혁개방의 핵심은 시장경제 시스템을 도입하고 이것이 효과적으로 작동할 수 있도록 정치 체제와 경제 체제

1979년 미국을 방문한 덩샤오핑 | 1978년 정권을 장악한 덩샤오핑은 '개혁개방'을
선언한다. 그해 12월 18일부터 22일까지 개최된 중국공산당 제11기 중앙위원회 제3차
전체회의(중공11기3중전회)에서 개혁개방의 방침이 선포되었다.

를 개혁하겠다는 것이다. 그러나 1949년 사회주의 중국을 건국
한 후 30년 동안 자본주의를 극렬히 비판했던 중국은 이러한 시
장경제의 도입과 경제 체제 개혁을 마르크스주의적으로 합리화
할 필요가 있었다. 어쨌든 덩샤오핑 정부도 중국공산당의 정통성
을 계승하고 있다는 점을 분명히 해야 했기 때문이다. 그렇다면
1970년대 말 중국에서 왜 개혁이 필요했을까? 그 이유는 무엇보
다 중국이 당면하고 있는 근본적인 문제가 무엇인지, 즉 마르크
스주의적으로 말하자면 중국 사회의 주요 모순이 무엇이고 문제
를 어떻게 인식하느냐와 관련이 있다.

사회주의가 지속되는 한 전통은 여전히 걸림돌

1978년 덩샤오핑은 중국 사회의 주요 모순이 '선진적인 사회주의 체제와 낙후된 생산력 사이'에 있다고 말한다. 사실 이것은 1956년 제8차 당 대회에서 덩샤오핑이 이미 언급한 내용이다. 당시 덩샤오핑은 공업의 국유화 및 농업의 집단화와 함께 계급투쟁은 사실상 사라졌다고 주장하고, 당면한 중국의 주요 모순은 바로 선진적인 사회주의 체제와 낙후된 생산력 사이에 존재한다고 발표했다.

바로 이 이론이 1978년에 다시 부활한다. 이러한 관점을 바탕으로 덩샤오핑은 신속한 경제 발전이라는 국가적 목표에 모든 사회적 이해관계를 종속시키고 자본주의 시장을 비롯한 가장 효과적인 수단을 동원해 이 목표를 달성할 것을 주문한다. 그러나 문제는 여전히 남아 있었다. 덩샤오핑의 말대로 만약 1956년에 선진적인 사회주의 체제가 수립되었다면 이후 20년 동안 중국은 왜 낙후된 생산력을 발전시키지 못하고 대약진운동이나 문화대혁명과 같은 재난을 초래했을까? 흥미롭게도 덩샤오핑 정부 역시 이 문제에 대한 원인을 전통으로부터 찾는다.

마르크스주의에 따르면 사회주의는 자본주의가 극도로 발달한 이후 자본주의적 모순이 격화하면서 프롤레타리아 계급의 혁명을 통해 이행된다고 설명한다. 그런데 중국은 자본주의가 제대로 발전하지 못한 상황에서 프롤레타리아가 아닌 농민 주도 혁명으로 사회주의 근대국가를 건설한다. 물론 마오쩌둥도 혁명을 통해 사회주의 국가가 바로 건설될 수 있으리라고 생각하지 않았다. 그래서 앞에서 설명했듯이 1940년에 〈신민주주의론〉을 발표하고, 중국이 새로운 국가를 건설한 이후에도 신민주주의 단계를 한동안 거친 후 사회주의 단계로 이행해야 한다는 견해를 밝힌다.

덩샤오핑 정부는 바로 이 신민주주의 혁명의 단계가 너무 짧았고 그 내용 역시 완전하지 않았다고 평가한다. 다시 말해 근대 중국에서 자본주의가 제대로 성장하지 못하고 유산됨으로써 전前자본주의적 형식의 사회·경제 생활과 의식이 사라지지 않고 사회주의 시대에도 여전히 살아남았다는 것이다. 따라서 중국의 근대적 경제 발전에 가장 큰 걸림돌은 자본주의가 아니라 바로 '봉건주의 잔재'라고 주장한다. 더구나 신민주주의 혁명이 제대로 이루어지지 않은 탓에 봉건적 의식이 중화인민공화국에 계속해서 짐으로 남아 있게 되었고, 대약진운동이나 문화대혁명 역시 이로부터 기인했다고 분석한다.

이러한 논리에 따라 1980년대 덩샤오핑 정부 역시 봉건적인 전통에 부정적인 입장을 취한다. 즉 마오쩌둥 시대에 이어 덩샤오핑 시대에도 사회주의가 지속되는 한 전통은 국가 발전의 장애 요인으로 여전히 부정당한 것이다.

중국 대륙에 신선한 문화 충격을 가져온 '개혁개방'

한편 1980년대 중국의 문화현상에서 '개혁' 못지않게 '개방'에도 주목해야 한다. 주로 선진 자본주의 국가로부터 시장경제적 요소와 자본을 수입하려는 목적으로 이루어졌던 '개방' 정책으로 인해 자본주의 국가들의 대중문화가 유입된다. 이것은 1980년 중국에서 문화시장이 형성되기 시작하는 현상과 밀접한 관련이 있다. 시장경제로의 전환은 문화 영역에서도 예외가 아니었다.

1980년대 초반 중국 문화시장에 신선한 충격을 안겨준 사람은 타이완 가수 덩리쥔鄧麗筠이었다. 14세 때 이미 대만에서 최연소 천재 가수라 불리고, 19세에는 홍콩 10대 가수로 선정된 덩리쥔은 부드러운 이미지와 함께 일상의 정서와 사랑을 호소하는 달콤한 목소리 덕분에 중국 청소년들을 집단 패닉 상태로 몰아간다. 1986년에는 영국 록그룹 웸(Wham!)의 공연을 계기로 중국에서도 록 문화가 본격적으로 형성되며 1988년에는 중국 록 음악의 개척자라고 할 수 있는 추이젠崔健이 수도 베이징에서 최초로 개인 콘서트를 열기도 했다. 물론 중국의 청소년들은 열광했다.

사실 '개방'은 자본주의적 대중문화가 중국으로 유입되는 기회로 작용했을 뿐만 아니라 중국의 문화를 세계에 알리는 계기가 되기도 했다. 예컨대 유명한 영화감독 장이머우張藝謨를 대표로 하는 이른바 5세대 감독들이 등장하면서 중국 영화의 황금시대가 열린다. 1984년에 천카이거陳凱歌 감독의 〈황토지〉가 제9회 홍콩 영화제에서 커다란 반향을 일으키며 서구에 소개되었고, 장이머우 감독의 〈붉은 수수밭〉은 베를린영화제에서 금곰상을 수상하며 세계적인 주목을 받는다. 이들 5세대 감독들은 그동안 중국인들에게 잊힌 민간의 전통과 기억들을 새롭게 그려냈는데, 유교적 전통이 아니라 원시적 생명력이 꿈틀대는 민간의 전통들, 그 역사와 공간들을 스크린에 담았다. 서양 관객들 역시 신비한 동양의 재현을 보면서 그동안 낙후함, 우매함, 완고함, 진부함 등의 이미지로 상상해오던 중국을 다르게 보는 계기를 얻었다.

한 국가의 이미지는 대부분 타자의 주도로 만들어지는 경우가 많다. 중국도 예외가 아니다. 서방국가들의 중국에 대한 상상력과 기대·필요를 비롯해 기호와 사상, 신화와 환상, 국가의 이익과 이데올로기의 분열, 문화적 차이로 인한 편견과 같은 요소들이 시대마다 다른 중국의 이미지를 형성하곤 했다.

아마도 13세기 말에 출간된 《마르코폴로 여행기》가 중국이 처음으로 서양에 소개된 계기라 할 수 있는데, 이 책으로 서방은 동방에 대한 호기심과 관심을 품게 되었고 중국에 대한 이미지를 만들기 시작한다. 이때 중국은 아름답고 우월한 이미지로 형상화되는 동시에 지식과 도덕적 소양이 풍부한 나라로 여겨졌다. 유럽에서 이른바 '중국 숭배'가 시작된 것이다. 그러나 19세기 아편전쟁 이후 중국인과 중국의 이미지는 '열등한 민족, 희생양과 천민으로 만들어진 멸시와 동정의 대상'으로 전락했고, 1949년 중화인민공화국이 세워진 후 서방은 중국을 '독재국가'로 상상하면서 중국의 이미지를 점점 더 '멀고, 이상하고, 암담한' 것으로 바꿔갔다. 이런 이미지를 갖고 있던 서양 관객들에게 중국 감독들이 보여준 중국의 모습은 대단히 신선했을 것이다. 물론 5세대 감독들의 이러한 시도가 서구 관객의 입맛을 겨냥한 상업적 전략이라는 비판이 없지 않다. 국제영화제에서 상을 받는 일이 자국 내에서 입지를 확보하는 가장 빠른 길이라는 감독들의 욕구와 서양 관객들의 소위 오리엔탈리즘적 소비 욕망이 적절하게 결합한 결과라는 것이다.

어찌됐든 1980년대 개혁개방은 중국 대륙에 신선한 문화적 충격을 가져오면서 이른바 '문화열'이라는 현상을 일으킨다. '개방'을 통한 동서 문화의 만남은 중국 문화와 서구문화의 비교로 자연스럽게 이어지는데, 5·4운동 때처럼 '전면적 서구화'의 주장이 다시 등장하기도 한다. 5·4운동이 서구 제국주의의 침략을 계기로 중국 전통문화에 대한 전면적인 반성과 부정을 특징으로 한다면, 1980년대는 사회주의 건설 30년의 역사를 서구 자본주의 국가와의 비교 속에서 전면적으로 반성하는 경향을 보여준다. 가장 상징적인 사건이 바로 1988년 6월 중국중앙방송국이 만들어

전국에 방영한 다큐멘터리 〈하상河殤〉이다. 총 6부작으로 구성된 이 다큐멘터리는 기획자들이 밝힌 바와 같이 대만 정치대학 진관타오金觀濤 교수의 '초안정 시스템 이론°', 즉 중국의 전통 문명은 일종의 '안정 지향 구조'의 실험이었다는 이론에 근거한 내용을 담고 있다.

"이토록 경이로운 다큐멘터리는 없었다"

〈하상〉은 중국의 전통적인 사회구조가 자본주의적 경제 발전을 저해한다는 관점으로 중국의 전통을 전면적으로 비판했다. 중화 문명을 상징하는 '황허'는 정태적인 듯 도도하게 흐르면서도 정기

○ **초안정 시스템 이론** 진관타오는 책《흥성과 위기-중국의 초안정 구조를 논함》에서 시스템 이론을 도입해 중국의 사회구조를 분석하고 중국의 봉건사회를 '초안정 시스템Ultra-stable system', 즉 주기적인 붕괴를 통한 '안정 지향 구조'의 사회로 보았다. 그는 진한제국 성립 이후 대반란과 왕조의 교체가 200~300년 주기로 일어난 사실에 주목했다. 다시 말해 농민반란에 의해 구왕조가 멸망하면 관료지주, 토호, 왕족 등의 타도와 동시에 대토지 소유를 둘러싼 문제와 부패한 관료조직의 문제가 해소된다. 그러면 유생儒生들에 의해 유교를 국가이념으로 하는 관료기구가 재조직되면서 원래의 시스템으로 복귀한다. 즉 왕조는 교체되지만 사회적 시스템은 지속되는 역사를 반복했다는 것이다. 그는 중국이 이러한 초안정 구조를 타파하지 않는 한 자체적 힘이 아닌 외부 충격(서구 문명)에 의해서만 현대화를 이룰 수 있다고 주장했다.

적으로 범람해 그 주변 지역을 초토화하곤 한다. 〈하상〉에서는 이러한 황허를 중국 역사에 비유한다. 즉, 사회·경제 질서가 폭력적인 힘으로 와해된 후, 새로운 가치 체계를 기반으로 사회를 건설하지 못하고 기존의 낡은 가치 위에 질서를 재건하는 역사를 지속적으로 반복했다는 것이다. 이처럼 2천 년에 걸쳐서 중국 봉건사회가 유지해온 '극도의 안정'은 오히려 창조성을 억압하고 경제 발전, 특히 자본주의적 경제 발전을 저해하는 중국 역사의 저주라는 주장이다. 다시 말해 전통적인 가치의 악영향이 1천 년에 걸친 중국의 무기력과 근대적 후진성을 낳은 주요 원인이라고 말한다.

이어서 다큐멘터리 〈하상〉은 황허의 안티테제로 '대양'을 거론한다. 힘차게 약동하는 푸른 바다인 대양은 근대의 과학, 공업, 민주주의의 고향인 자본주의 서양 국가의 역동적이고 외향적인 문화를 의미한다. 황허로 상징되는 중국의 문화와 대양으로 상징되는 서구 자본주의 문화의 대립적 비교에서 5·4운동의 반전통주의 운동을 떠올리지 않을 사람은 없을 것이다.

〈하상〉의 여파는 대단했다. 6월에 방영하자마자 7, 8월에 〈하상〉을 둘러싼 광범위한 토론과 논쟁이 전국적으로 벌어졌다. 중국중앙방송은 방영 이후 수많은 시청자들로부터 격려의 편지를 받았다. 항저우의 어느 시청자는 편지에 이렇게 썼다. "중국에 텔레비전이 들어온 이래 이토록 경이로운 프로그램은 여태껏 없었습니다. 이 프로그램은 중국 방송 역사에서 중요한 지위를 차지할 것입니다." 상하이의 유력 일간지 〈문회보文匯報〉는 다큐멘터리 해설문 전체를 게재했고, 7월 22일에는 해설문을 단행본으로 출간한 출판기념회가 열렸다. 대만의 〈중국시보中國時報〉는 보름에 걸쳐 상당한 지면을 할애해 관련 내용을 연재하기도 했다.

중국 봉건사회를 때린 〈하상〉을 둘러싼 논쟁

다큐멘터리 〈하상〉은 분명 1980년대 개혁개방을 주도한 '개혁파' 들의 입장을 충실히 대변하고 있다. 왜냐하면 〈하상〉은 현재 사회주의 체제가 안고 있는 문제가 사회주의 혁명이 낳은 새로운 사회정치적 질서 때문이 아니라 여전히 잔존하는 중국의 봉건성에서 기인한다고 주장하기 때문이다. 그리고 이러한 관점은 중국에서 근대 과학과 민주주의가 진정으로 피어나려면 발전된 자본주의 경제 건설이 전제되어야 한다는 논리로도 이어진다.

이것이 바로 덩샤오핑 정부가 창안한 '사회주의 초급단계 론'이다. 즉 '자본주의 → 사회주의 → 공산주의'로 이행한다는 내용의 마르크스주의 이론에 따르면 자본주의는 사회주의로 가기 위해 거쳐야 하는 단계이므로 '개혁개방'은 마르크스주의의 원칙에도 부합한다는 것이다.

물론 〈하상〉의 내용을 둘러싸고 중국공산당 내부에서는 개혁파와 보수파 간의 의견이 첨예하게 대립한다. 중국의 보수파들은 〈하상〉이 "중국의 치부를 드러냈다"라고 비판하며 개혁파들을 공격했고, 중국공산당 중앙정치국은 "앞으로 다시는 신문에 〈하상〉을 게재하지 말고, 이미 게재하고 있는 신문은 연재를 중단하라"는 지시를 내린다. 중국국무원 역시 〈하상〉의 재방영을 중지하고 필름의 해외반출을 금지하는 지시를 긴급히 내린다.

또한 베이징에서 '하상과 중국 개혁의 운명'이란 주제로 닷새간 열린 토론회에 다큐멘터리 제작진이 참가하지 못하게 한다. 당시 중국공산당 중앙정치국 상무위원이자 중앙서기처 서기였던 후치리胡啓立는 광파전영전시부 부장 아이즈성艾之生에게 비판의 글을 쓰도록 강요한다. 〈하상〉이 민족허무주의를 조장한다는 것이다. 그러나 7월 상하이와 선전의 방송국은 당 중앙의 금지령을 어기고 프로그램을 그대로 재방송한다. 중국중앙방송국 국제서비스센터에서는 〈하상〉의 녹화테이프를 두 개 묶어 200위안에 판매하기도 했다. 물론 여기에는 중국공산당 내 개혁파의 막후 지원이 있었고, 그 끝에는 당 총서기였던 자오쯔양趙紫陽°이 있었다. 이러한 공산당 내부 대립은 1989년 톈안먼天安門사건°°에서 정점에 이르렀으며, 자오쯔양이 실각하면서 〈하상〉은 중국에서 두 번 다시 방영되지 못한다.

중국 현대화 기획의 두 시대

필자는 1990년대 중국에서 전통에 대한 관심이 새롭게 촉발했고, 20세기 중국 역사의 흐름을 거시적으로 볼 때 이러한 현상은 대단히 특별하다고 여긴다.

이미 살펴본 바와 같이 1840년 서구 제국주의의 침략으로 시작된 중국의 근대는 부국강병의 방법으로 '중체서용'이라는 중서문화의 결합을 시도했지만 모두 실패로 끝난다. 이후 5·4운동에서 시작된 전면적인 반전통주의적 흐름은 사회주의 국가 건설 과정에서도 변함없이 이어졌다. 심지어 개혁개방을 추진했던 1980년대까지 지속됐다.

이렇게 보자면 중국의 현대화 기획은 전통에 대한 입장이라는 측면에서 크게 두 시대로 구분할 수 있다. 전반기 70년이 중국의 전통문화를 유지하면서 서구문화와의 결합을 모색한 시기였

○ **자오즈양** 1987년 중국공산당 총서기로 다음 해에 중공 군사위원회 부주석에 올랐으나 1989년 톈안먼사건 당시 민주화운동에 동조했다는 이유로 숙청되었다.

○○ **톈안먼사건** '톈안먼민주화운동' 혹은 '89운동'이라고 불린다. 1989년 4월 15일 후야오방胡耀邦 전 총서기의 사망과 그에 대한 추모 열기에서 시작된 학생들과 시민들의 민주화운동을 일컫는다. 이에 중국 정부는 6월 3일 밤부터 다음 날까지 군대를 동원해 시위대를 유혈 진압했다.

다면, 후반기 70년은 중국 전통문화에 대한 전면적인 부정이자 서구문화(자본주의적이든 사회주의적이든)에 대한 적극적인 수용이 진행된 시기로 구분해볼 수 있을 듯하다.

이데올로기의 공백을 메운
민족주의

1989년 톈안먼사건은 개혁개방 이후의 '문화열'을 급속히 냉각시킨다. 〈하상〉으로 대표되는 민족허무주의와 전반서화론은 이제 중국 정부에 의해 용납되지 않는다. 특히 1980년대 말부터 시작된 냉전체제의 와해, 즉 사회주의 체제의 붕괴는 중국 국민에게도 커다란 충격으로 다가온다. 여기서 중국은 문화정체성에 있어 심각한 위기에 직면한다. 문화정체성이 무엇인가? 문화정체성이란 역사적으로 일관성과 지속성 및 가변성을 띠면서 사회 구성원들에게 심리적 안정감을 주고 사회 통합적 기능을 하는 가치를 일컫는다. 여기서 강조하고 싶은 문화정체성의 특징은 바로 가변성이다. 다시 말해 문화정체성은 시대에 따라 변할 수 있다는 것이다.

중국이 문화정체성에 위기를 느꼈다면 그 원인은 무엇일까? 그것은 기존의 문화정체성이 흔들린다는 뜻인데, 그렇다면 기존의 문화정체성은 무엇인가? 바로 사회주의 문화, 사회주의적 가치다. 그러나 1980년대 말 소련을 비롯한 동구 사회주의 국가의 붕괴는 사회주의 체제가 자본주의 체제보다 우월하다고 주장할 수 없게 만들었다. 중국공산당이 여전히 집권하고 있고, 사회주의 초급단계라고 부르든 사회주의 시장경제라고 부르든 혹은 사회주의 깃발을 들고 자본주의 길로 들어서는 중이든 공식적으로는 사회주의를 표방하는 중국은 사회주의적 가치가 국민들에게 설득력 있게 다가가고 사회통합과 국가에 대한 동의를 이룰 것이라는 확신이 흔들리기 시작했다. 1990년대 중국 정부와 중국 지식인들의 노력은 이러한 위기의식과 밀접한 관련이 있어 보인다.

민족주의로 이데올로기의 공백을 메우다

사회주의 몰락으로 깊이 파인 이데올로기의 공백을 메우기 위해 중국공산당이 선택한 것은 민족주의였다. 물론 민족주의를 바탕으로 한 애국주의는 덩샤오핑 정부 시대부터 지속적으로 강화되는 양상을 보인다. 개혁개방 정책은 사회주의적 목표와 혁명의 가치를 뒷전으로 밀어내고 민족주의가 추구하는 단 하나의 목표, 즉 '부강'에 모든 가치를 집중한다. 1980년 덩샤오핑은 '사회주의의 목적이 나라를 부강하게 만드는 것'이라고 선언한다. 사실 민족주의는 근대 중국 이후 혁명운동에서 늘 강력한 동력이었다. 중국공산당의 혁명운동도 예외는 아니다. 어찌 보면 반전통주의 운동 역시 그 기저에는 강력한 민족주의가 작동하고 있다고 할 수 있다. 모리스 마이스너의 견해에 따르면 마오쩌둥 시대 또한 민족주의의 목표와 사회주의 혁명의 목표가 서로를 강화하는 방식으로 결합했다고 한다.

한편 1990년대 장쩌민 정부에 들어와 강고해진 민족주의는 전통문화와 결합하면서 사실상 사회주의 중국이 택할 수 있는 유일한 이데올로기로 부각된다. 중국공산당이 5·4운동으로부터 물려받아 이후 수십 년 동안 대중혁명투쟁과 결합시켰던 문화적 반전통주의가 전통문화와 역사적 유산을 찬미하는 보수적 내셔널리즘에 그 자리를 내준 것은 참으로 아이러니하다. 중국 전통문화와 결합한 애국주의 운동은 장쩌민 정부 때 급속도로 확대된다. 1994년에는 공자 탄생 2545주년 기념 국제학술대회가 개최되고, 학교 수업에 공자의 가르침을 다시 도입했으며, 국제공자학회가 설립되었다.

물론 애국주의에 근거한다고 하더라도 반전통에서 갑자기 전통에 대한 찬미로 전향하는 것은 녹록지 않은 일이다. 결국 핵심은 중국의 전통, 더 구체적으로 말하면 공자와 유교적 전통에 대한 새로운 시각과 해석에 있을 터다. 물론 이러한 공자의 소환은 시대적 요청과 밀접한 관련이 있다.

민족주의를 부추긴 사건들

사회주의의 몰락 외에 1990년대 이후 중국에서 민족주의가 강화된 데에는 몇 가지 국내외적 환경 변화가 지대한 영향을 미쳤다. 우선 서구의 포스트모더니즘이 중국에 전파된 점을 들 수 있다. 특히 1980년대 말에는 사회주의의 붕괴뿐만 아니라 자본주의적 현대화에 대한 근본적인 회의와 반성도 세계적으로 커다란 반향을 일으켰는데, 서구의 이러한 지적 경향이 중국에 전해지면서 오히려 중국 전통문화에 대한 새로운 시각과 해석의 프레임이 만들어진다. 이는 차후에 좀 더 자세히 살펴보겠다.

한편 1990년대 국제사회에서 벌어진 일련의 사건들은 중국 국민에게 굴욕감을 가져다주면서 민족주의를 전례 없이 강화시킨다. 예를 들면 1993년 미국은 중국의 화물선 은하호가 금지물품(화학무기 원료)을 싣고 다롄을 출발했다고 주장하면서 군함을 출동시켜 은하호를 공해상에 한 달간이나 억류한다. 그러나 미국과 중국이 공동으로 조사한 결과 은하호에 금지물품이 아무것도 없다는 사실이 밝혀진다. 이 일은 1979년 중국과 미국이 수교한 이후 처음으로 발생한 공개적인 충돌인 동시에 중국인들에게는 치욕감을 안겨준 사건으로 기억된다.

또한 1999년 5월에는 미국이 주축인 북대서양조약기구NATO가 유고슬라비아를 공습하면서 유고슬라비아 주재 중국대사관을 미사일로 폭격하는 사건이 발생한다. 이 사고로 중국대사관에 있던 기자 등 4명이 죽거나 실종되고 20명 남짓한 사람들이 부상을 당한다. 2002년에는 미국이 장쩌민 주석의 전용비행기에 도청장치를 설치하기도 했다.

이런 일련의 사건들은 중국인들에게 아편전쟁 이후 서구로부터 당한 치욕을 상기시키고 민족정서를 자극하면서 애국주의를 강화하는 역할을 한다. 당시 사회 분위기에 편승해《중국은 NO라고 말할 수 있다中國可以說不》라는 책이 베스트셀러가 되기도 했다.

전통문화,
21세기 중국의 국가 정체성

이렇듯 국내외적 환경이 달라지면서 1990년대 중국 지식인 사이에 전통을 대하는 태도에 중대한 변화의 바람이 분다. 소위 '국학열國學熱'이라고 불리는 현상인데, 이 현상을 지식계의 대표적인 논리를 중심으로 살펴보자.

1993년 말 〈전략과 관리〉라는 잡지에서 약 20명의 학자들을 모아 '중국 현대화 재평가'라는 주제로 토론회를 개최한다. 이 주제는 미국 영문학자이자 문명비판론자인 에드워드 사이드Edward Said의 '오리엔탈리즘Orientalism °'과 인도 출신의 영문학자인 가야

○ **오리엔탈리즘** 에드워드 사이드는 1978년에 출판한 《오리엔탈리즘》에서 "오리엔탈리즘이란 서양인의 경험 속에서 동양의 특수한 위치에 근거하여 동양에 관계하는 방식"이며, 그 목적은 "동양을 지배하고, 재구성하며, 동양에 권위를 행사하기 위한 서양의 스타일"로 규정하고 있다.

트리 스피박Gayatri C. Spivak의 '후식민주의°'의 영향을 받은 것으로, 이러한 이론들은 중국에 전해져 문화민족주의의 이론적 근거로 활용된다. 1994년에는 장파張法, 장이우張頤武, 왕이촨王一川이 잡지 〈문예쟁명〉 제2기에 발표한 〈'현대성'으로부터 '중화성'으로〉라는 논문이 지식계의 주목을 받았다. 이들은 서구 중심주의와 서구 현대성에 관한 비판 이론을 기반으로, '현대성'을 멀리하면 필연적으로 '중화성'으로 갈 수밖에 없다는 논리를 피력한다.

이들이 말하는 중화성이란 첫째, 서구 중심주의적 시각에서 벗어나 중국의 시각으로 서구를 새롭게 바라보는 것을 의미한다. 또한 이러한 관점에서 국가 간 문화적 차이를 인정하고 발전의 다양성을 모색해야 한다고 강조한다. 둘째, 중화성의 방식으로 인류를 위해 복무해야 한다는 것이다. 셋째는 중화성이 마지막으로 도달해야 할 것은 중화문화권의 형성이고, 중국은 이 문화권의 중심이 되어야 한다는 것이다. 이들이 말하는 중화권이란 중국 대륙이 핵심층이고, 제2층이 대만·홍콩·마카오, 제3층은 세계 각지의 화교, 제4층은 중국 문화의 영향을 받은 동아시아와

○ **후식민주의** 가야트리 스피박은 후식민주의 논의에서 '재현'의 문제에 주목했다. 즉, 서양에 의해 제대로 재현되지 못한 제3세계를 강조하면서 과연 제3세계는 누구에 의해 어떻게 재현될 수 있는가에 관심을 가졌다. 정재철,《문화연구의 핵심 개념》, 커뮤니케이션북스, 2014

동남아시아 국가들을 가리킨다. 이들의 논리는 대체적으로 중서中西 이원대립의 구조에 집중되어 있으며, 중국적인 것, 전통적인 것이 합리적이라는 입장을 보인다.

중국 지식계 전반에 일어난 국학열

다음으로는 성홍盛洪과 장칭蔣慶 등이 대표하는 일명 문화전통파의 '민족문화부흥론'을 들 수 있다. 1995년 〈전략과 관리〉에 발표돼 커다란 반향을 일으킨 성홍의 논문 〈무엇이 문명인가?〉를 위시해 이들의 주장은 크게 세 가지로 요약할 수 있다.

첫째는 21세기는 바로 중국 문화의 세기라는 예측이다. 다시 말해 현재 서구문명은 심각한 위기에 직면해 있고 스스로 해결할 수 없는 지경이며, 따라서 21세기 인류 미래의 희망은 동방문명, 특히 중국문명에 있다는 것이다. 그리고 이러한 논리의 근거로 중국의 '천인합일' 사상을 거론한다. 중국의 천인합일 사상이야말로 생태·환경 문제를 해결할 수 있는 생태철학이라는 입장이다. 이들은 서구에서 포스트모더니즘이 흥기한 것이 바로 과학기술, 물질, 이성을 중시하는 서구문명의 몰락을 증명한다고 생각한다.

둘째, 중화문명의 정신은 합작, 화해, 호혜 등을 특징으로 하고 있으며 서구의 이기심, 충돌, 쟁취 등과는 다르다는 주장이다.

성홍은 경제학의 각도에서 문명이란 과거에 무력을 통해 해결했던 인간과 인간 사이의 충돌을 평화적 방식을 통해 해결하는 것이며, 문명의 본질은 바로 인간과 인간의 화해에 있다고 주장한다. 경제적 측면에서도 충돌보다는 화해가 인간의 이익에 훨씬 부합한다는 것이다. 이런 관점에서 성홍은 우월한 것이 이긴다는 이른바 사회진화론의 관점으로 문명의 우열을 논할 수 없다고 주장한다. 다시 말해 전쟁의 승패가 문명의 우열을 가르는 기준이 될 수는 없다는 것이다. 그는 근대 서구 제국주의의 중국 침탈 역시 서구문명의 승리가 아니라 그저 '앞선 무기 기술의 승리'일 뿐이라고 일축한다.

셋째, 과학기술, 물질, 이성을 중시하는 서구문명의 몰락을 바라보며 중국 전통문화 가운데 심성유학心性儒學°만이 서구의 도구적 이성이 가져온 병폐를 치유할 수 있다고 주장한다.

이밖에도 장청즈张承志를 대표로 하는 일련의 작가들, 즉 왕

○ **심성유학** 1990년대 민족문화부흥론의 대표주자인 장칭은 "심성유학은 공자가 창안하고 자사(子思, 공자의 손자. 노魯나라의 학자로《중용》의 저자로 알려져 있다)와 맹자가 발전시켜 송명宋明 시기 유학에서 꽃을 피운 전통 유학으로, 일종의 생명유학"이라 말한다. 심성유학이 강조하는 것은 우주인생의 본체가 '인仁'이며, '인'은 인류 존재와 천지만물이 서로 융합하는 것으로 궁극적인 목적은 '심성'으로의 귀의, 즉 인류존재의 진실된 본성으로의 귀의와 천지만물이 의존하고 있는 우주의 진리에 귀의하는 것이다.

멍王蒙, 쟈핑와賈平凹, 천충스陳忠實, 리루이李銳 등은 소설, 시가, 산문, 희곡 등을 통해 중국 전통문화에 대한 정체성, 서구 현대화에 대한 배척 등을 표현하기도 한다. 이러한 흐름에 맞춰 출판계에도 〈중국문화〉, 〈국학연구〉, 〈전통문화와 현대화〉, 〈원학〉, 〈원도〉 등의 정기간행물이 등장하고, 중국 고대 경전 문헌과 근현대 국학자들의 저작물들이 연이어 출간된다. 중국의 출판사는 모두 국유기업이고 정부의 통제 하에 있다는 점, 그리고 정부의 허가를 받아야만 정기간행물의 출간이 가능하다는 점을 고려하면 이러한 국학열의 흥기에는 중국 정부의 지원이 적지 않은 영향을 미쳤다고 할 수 있다.

중국 정부의 개입으로 탄력을 받은 전통문화 부흥 열기

1990년대 중국 전통문화에 대한 관심은 21세기에 들어서면서 더욱 확대된다. 가장 눈에 띄는 것은 무엇보다 중국 정부의 적극적인 개입이다. 1990년대의 '국학열'이 위에서 언급한 대내외적 환경 변화에 따라 지식계를 중심으로 일어나 문화시장 영역에서 그 세력을 확장한 데 비해 비교적 소극적인 태도를 보였던 중국 정부는 21세기에 들어서 전통문화를 새로운 국가 정체성으로 확립하고자 적극적인 노력을 기울인다. 알다시피 후진타오 정부의 국정

이념은 바로 '화해사회 건설'이었다. 문화 영역에서도 핵심 과제는 당연히 '화해문화 건설'이었다. 중국 정부의 표현을 빌리자면 '화해문화'는 "화해를 사상과 가치 취향의 핵심으로 삼아 화해 이념을 선도·연구·해석·전파하는 것을 주요 내용으로 하는 문화 형태 혹은 문화 현상으로, 사상관념, 가치체계, 행위규범, 문화산업, 제도적 시스템 등 다양한 존재양식을 포함하는 것"을 의미한다. 사실 이러한 후진타오 정부의 국정 과제는 개혁개방 이후 1990년대까지 이어져온 중국의 발전 방식이 달라지는 것을 뜻하기도 한다. 중국 정부의 이러한 입장에 따라 전통문화 부흥 열기는 더욱 탄력을 받는다.

각종 '선언'으로 전통문화를 내세우다

2001년 6월에는 '제1회 중화과학전통과 현대과학기술혁신 토론회'가 열렸고, 여기에서 이른바 〈자연국학선언〉°이 발표된다. 같은 해 10월에는 장다이녠張岱年, 지셴린季羨林 등 86명의 학자들이 〈중화

○ **자연국학선언** 2001년 류창린劉長林 등 10명의 학자들이 서명하여 발표한 것으로 여기서 말하는 자연국학이란 인문국학과 상대적인 개념으로 중국의 전통 과학기술 체계, 즉 중국과학기술사, 중국과학기술철학, 중국과학사유방법 등을 포함한다.

문화부흥선언〉을 발표해 21세기는 중화문화부흥의 세기이며 중화문화를 부흥하는 것은 동서 문화의 융화이자 신문화의 창건이라고 주장한다.

2004년 9월에 베이징에서 열린 '2004 문화 고위층 포럼' 폐막식에서는 〈갑신문화선언〉이 발표된다. 이 선언에 서명한 총 70명의 면면을 보면 중국을 대표하는 원로들과 지식계 인사들이 대부분이다. 전국인민대표대회 상무위원회 부위원장이자 민진당 주석인 쉬쟈루許嘉璐, 국학대사로 추앙받는 지셴린, 국가도서관 관장을 역임한 런지위任继愈, 노벨물리학 수상자 양전닝楊振宁, 현대 중국의 대표작가 왕멍 등이 주요 발기인으로 나와 있다. 이 〈갑신문화선언〉의 주요 내용을 정리하면 이렇다.

첫째, 문화다양성은 인류 문화의 기본적인 형태로 다른 문명은 보편적인 존중을 받아야 한다.

둘째, 모든 국가와 민족은 전통문화를 보존하고 발전시킬 권리와 의무가 있다. 또한 외래문화 요소를 수용할 수도 있고 불완전하게 수용할 수도 있으며 또 어떤 영역에서는 아예 수용하지 않을 권리가 있다.

셋째, 중화문화의 인격, 윤리, 이타, 화해를 존중하는 동방 품격과 인문정신이 인류의 안녕과 행복을 추구하는 데 중요한 사상적 계시를 제공할 수 있으리라 확신한다.

넷째, 우리는 중국 정부를 포함해 각국 정부가 효과적인 문화 정책을 적극적으로 추진할 것을 호소한다. 즉 세계문명의 다양성을 보호하고, 이질문명을 이해하고 존중하며, 각국·각 민족 문화의 전통을 보호하고, 여러 종류의 문화 형태를 공평하게 표현하고 전달할 것을 호소한다.

사실 〈갑신문화선언〉은 지식문화계 인사들이 발표했지만 중국 정부의 입장을 그대로 대변한다고 봐도 무방하다. 알다시피 문화다양성은 세계적으로 프랑스와 중국이 가장 강력하게 주장하는 것으로 이것은 미국 문화산업의 글로벌 확장에 대한 대응논리이기도 하다. 문화다양성의 존중 자체는 반론의 여지가 없지만 문제는 실천 방식이다. 위 선언에서 드러나는 핵심을 두 가지로 볼 수 있는데, 하나는 문화다양성 존중이라는 논리를 근거로 중국이 외국의 문화요소를 거부할 권리가 있다는 점을 강조하는 것이고, 둘째는 중화문화의 인문 정신이 인류 미래의 비전에 중요한 계시를 제공할 것이라 확신한다는 점이다. 이것은 문화를 국가적 차원에서 구분하려는 의도가 강하게 반영된 것이다. 왜냐하면 문화다양성 존중이라 하면 국가 간의 문화다양성뿐만 아니라 국가 내부의 문화다양성 역시 존중되어야 하는데, 〈갑신문화선언)에서는 후자의 문제가 전혀 거론되지 않기 때문이다. 중국은 공식적으로 56개의 민족으로 이루어진 나라로, 이러한 선언이 중국 정부에게 이른바 소수민족의 문화다양성을 존중할 것을 촉구하는 것으로는 보이지는 않는다. 이 문제는 중국 문화 연구에서 상당히 중요한 쟁점이지만 이 책에서는 상세히 다루지 않겠다.

이밖에도 2006년에는 150명의 전문가들이 연합해 중의학 등 전통문화의 보호를 요구했고, 2008년 11월 중화문화부흥연구원이 주최한 '제4회 중화문화와 21세기 신문명 국제포럼'에서는 60여 명이 서명한 〈화해문화선언〉이 발표되었다. 통계에 따르면 21세기 초 10년간 이른바 중국의 문화부흥 활동으로 500여 회의 전문 강좌와 토론회, 10회의 대형 국제학술대회 등이 개최되었고, 이러한 활동에는 국가발전개혁위원회, 중국위생부, 중국중의학관리국, 중국중앙방송, 베이징올림픽조직위원회 등의 기관들이 지원한 것으로 나타났다.

전 세계로 진출한 공자학원

중국의 전통문화부흥 활동은 국내에만 국한되지 않았다. 특히 중국은 21세기에 들어서 국가 이미지를 개선하고 소프트파워를 강화하기 위해 중국 전통문화의 해외 진출을 국가 전략사업으로 추진했는데 대표적으로 '공자학원'을 꼽을 수 있다. 2004년 세계 최초의 공자학원이 서울에서 현판식을 열었고, 2007년 4월에는 공자학원 총본부가 베이징에 설립된다. 2010년 10월에는 세계 96개국에 322개의 공자학원과 369개의 공자학당이 건립되었고 2014년까지 세계 123개국에 465개의 공자학원과 713개의 학당이 세워졌다. 이러한 성격의 교육기관이 이토록 짧은 시간에 폭발적으로 늘어난 것은 전례가 없다. 예컨대 프랑스의 알리앙스 프랑세스가 120년 동안 1천1백 개, 영국의 브리티시 카운슬이 70년 동안 230개, 독일의 괴테 인스티튜트가 50년 동안 128개가 문을 연 것과 비교하면 공자학원이 얼마나 빠르게 확대되었는지 짐작할 수 있다.

어찌됐든 전 세계의 중국어 및 중국 문화 보급을 담당하고 있는 공자학원이 중국 정부로부터 지대한 관심과 지원을 받고 있다는 사실은 분명하다. 중국 정부는 각국의 공자학원에 매년 운영비의 20~30퍼센트를 지원하고 있으며, 공자학원을 설립하면 20만 달러 내외의 투자금을 지원하기도 한다. 2008년 〈인민일보〉는 개혁개방 30년 동안 일어난 10대 사건의 하나로 '공자학원의 유치와 확산'을 선정했고, 2011년 중국의 국가주석 후진타오는 미국 방문 중 미국 내 최초이자 최대 규모로 세워진 시카고 공자학원을 직접 방문하기도 했다.

물론 이러한 중국 정부의 지원으로 추진되고 있는 공자학원의 확대를 경계의 시선으로 바라보는 이들도 많다. 예컨대 세계적인 중국학자 위잉시余英時 프린스턴대학 명예교수는 공자학원이 문화적 목적이 아닌 정치적 목적을 갖고 있으며, 캐나다 공자학원을 조사한 결과 정보 수집 기관으로 드러났다는 사실을 밝히기도 했다.2)

문화가
권력이다

이제 문화정체성 문제로 다시 돌아가보자. 앞서 검토한 바와 같이 20세기 중국의 현대화 과정에서 문화를 둘러싼 문제는 항상 핵심적인 이슈였다. 그리고 그 이면에는 문화에 대한 위기의식이 항상 자리하고 있었다. 아편전쟁 이후 문화에 대한 위기의식이 사라진 적이 없었다는 말이다. 그리고 이러한 위기의식은 21세기인 현재까지 이어진다. 물론 누가 위기의식을 느끼고 제기하는지, 그리고 그러한 위기는 어디에서 비롯됐는지, 아니 어디에서 비롯됐다고 인식하는지에 관해 시대별로 세심한 검토가 필요하다. 특히 문화에 대한 정부의 인식과 태도가 국가 정책에 곧바로 반영되고, 그 영향력 또한 대단히 크기 때문에 주목해야 한다.

2004년 중국공산당 제16기 중앙위원회 제4차 전체회의(중공16기4중전회)는 국가 차원에서 '문화안보'를 정치안보·경제안보·정보안보와 함께 국가 4대 안보 전략으로 확정한다. 그렇다면 중국 정부가 이처럼 문화안보를 강조한 배경은 무엇일까? 푸젠사회과학원의 팡옌부方彦富 부원장의 견해에 따르면 중국 정부가 문화안보를 강조한 배경은 대체로 다음과 같은 다섯 가지 원인에 기인한다.

첫째, 서구 자본주의 국가가 인권을 무기로 중국의 정치문화와 주류 가치체계에 간섭하기 시작했다.

둘째, 전지구화 과정에서 문화동질화 추세가 나타나고 있으며, 특히 서구의 문화 침투와 확장은 민족문화의 생존과 발전에 심각한 압력으로 작용한다고 인식하기 시작했다.

셋째, 2001년 중국이 WTO에 가입한 이후 중국 문화산업의 안전은 선진국의 거대한 도전에 직면했다. 대표적으로 한류, 할리우드 문화가 중국에 들어오면서 중국 문화산업은 심각한 위기의식을 느끼고 있다.

넷째, 인터넷, 특히 선진 자본주의 국가들이 인터넷 기술 및 표준화, 정보 전파 권력의 장악해 새로운 패권을 가져갈 가능성이 있다고 인식했다.

다섯째, 세계 뉴스 전송 영역에서 서구 미디어의 패권이 중국의 문화 전파와 국가 이미지에 큰 영향을 미치고 있다고 인식했다.

중국이 문화안보로 얻고자 하는 것

중국 정부는 이러한 인식을 바탕으로 중국의 문화적 위기의식을 타파하고 해결할 수 있는 국가 전략이 필요하다고 보았다. 21세기 들어 중국의 이러한 국가 전략의 변화는 전통적인 안보관의 변화와도 관련이 있다.

안보를 인간 혹은 인간조직체의 물리적·심리적 안위에 관한 보장이라는 의미로 이해한다면 안보에 관한 관심은 인류 역사만큼이나 오래되었다고 할 수 있다. 그러나 근대 국민국가°가 만들어진 후, 특히 20세기에 접어들면서 안보의 대상은 명백히 국가로 이동했으며, 안보 위협의 내용도 군사 영역에서 집중적으로 거론됐다. 핵무기 및 핵전략 개발 경쟁과 관련한 군사 분야에 초점을 둔 이러한 전통적 안보 개념은 1980년대 이후, 특히 냉전이 종식되고 나서 군사 분야 이외의 다양한 영역으로 확장됐다.

그러던 것이 1994년 유엔개발계획이 육체적·가치적 안보 개념을 총합한 '인간안보' 개념을 제시함으로써 냉전시대에 군사적 핵 안보로 좁게 해석되었던 안보 개념을 인간 삶의 안정과 질

○ **국민국가** 공통의 사회·경제·정치생활을 영위하고 공통언어·문화·전통을 지닌 국민공동체를 기초로 하여 성립된 국가를 말한다. 역사적 관점에서 볼 때, 근대 유럽에서 시민혁명을 거쳐 형성된 근대국가를 지칭하는 의미로 많이 사용한다.

을 보장하는 적극적인 개념으로 확장된다.³⁾ 이것을 '비전통적 안보'라고 부르는데, 이 비전통적 안보는 국가 내외부의 물리적 폭력뿐만 아니라 다양한 비폭력적 위험들로부터 인간의 생존과 기본권을 보호한다는 개념을 지닌다. 비전통적 안보의 관점으로 보자면 국가도 인간안보를 위협하는 요소가 될 수 있기 때문에 견제되어야 한다. 현대 서구 사회에서 중국의 인권문제를 제기하는 이유는 중국의 주권을 침해하려는 의도가 아니라 바로 이러한 인간안보 개념에 입각한 것이다. 그러나 중국은 인간안보 개념을 중국식으로 해석한다. 다시 말해 중국은 국가의 역할을 부정하지 않고, 인간안보와 국가안보를 분리하지 않는다. 이런 관점에서 중국은 주권안보와 내정불간섭 원칙에 입각해 인간안보에 대한 판단 역시 중국의 내부적 기준에 근거해야 한다고 주장한다. 즉 중국은 문화안보를 국가 주권의 각도에서 이해하는 것이다.⁴⁾

국가 주권의 각도에서 문화안보의 문제는 곧 문화주권, 다시 말해 문화입법권, 문화관리권, 문화제도와 이데올로기 선택권, 문화전파와 문화교류의 독립자주권 등과 관련된 것이며, 이것은 사실상 아편전쟁 이후 중국의 국가건설 및 대외관계에서 핵심적인 과제 가운데 하나이기도 했다. 21세기에 들어서 중국이 문화안보를 국가 전략으로 격상시킨 것은 이러한 인식과 매우 밀접한 관련이 있다.

흥미로운 사실은 문화안보에 대한 강조가 중국 정부의 일방적인 주장만이 아니라는 점이다. 여기에는 학계의 광범위한 참여가 수반되었는데, 통계에 따르면 1999년부터 2009년까지 문화안보를 주제로 한 논문이 1천여 편에 이른다. 주된 내용을 살펴보면 문화산업과 국가문화안보, 정보문화안보, 모국어안보, 문화안보전략, 소프트파워와 문화안보, 저작권무역과 문화주권안보, 화해문화 건설과 국가문화안보, 전통문화 보호와 문화안보, 문화혁신과 문화안보, 대국전략과 문화안보, 문화안보와 신분정체성 등 문화안보와 관련한 매우 다양한 연구가 이루어졌음을 알 수 있다. 비슷한 시기 우리나라에서는 문화안보와 관련된 논의가 거의 없었다는 점을 감안하면 중국의 이러한 논의는 대단히 특별한 현상이라 할 수 있다.

국가에서 국민으로, 문화정체성 형성 주체가 바뀌다

중국의 문화정체성을 제대로 파악하기 위해서는 그것을 형성하는 문화적 요소뿐만 아니라 형성을 주도하는 주체가 누구인지, 그리고 이 주체가 어떻게 변해왔는지를 알아야 한다. 앞서 중국의 현대화 과정에서 제기된 문화적 위기의식을 살펴보았다. 그리고 그 과정에서 1990년대 이전까지는 중국이 반전통주의적 경향을 보여왔다는 점, 그러나 1990년대 이후 전통이 새롭게 부활하면서 사회주의적 가치와 결합하기 시작했다는 점을 알 수 있었다. 그렇다면 국가의 문화정체성을 형성하는 주체는 도대체 누구일까? 예컨대 국가가 이른바 주류 이데올로기를 일방적으로 전파하면 국민이 자연스럽게 수용하면서 국가가 원하는 대로 문화정체성이 형성될까?

문화정체성 형성의 주체에 주목해야 하는 이유는 1990년대 이후 소위 디지털 시대의 도래에 따른 문화현상의 변화와도 밀접한 관련이 있다. 추계예술대 문화예술경영대학원장이었던 고故 김휴종 교수는 사이버 공간에서 소비와 문화 활동이 이루어지는 디지털 시대에는 문화적 가치와 상품에 대한 소비자의 요구가 그대로 문화 자체의 성격과 형태를 변화시킬 수 있다고 주장했다. 김휴종 교수는 이러한 디지털 시대의 특성과 문화에 대한 인식 변화에 따라 문화정체성의 의미 또한 달라져야 한다면서 디지털 시대의 문화정체성은 그것을 향유하는 향유자 또는 소비하는 소비자의 요구에 충분히 부합해야 한다는 점을 강조한다.

결국 소비자가 상품을 어떻게 받아들이는가 하는 점이 문화정체성의 핵심이라는 것이다. 예컨대 과거처럼 고고한 문화의 원형을 유지하고 소비자와 괴리된 문화를 전시하는 것으로는 문화정체성을 유지할 수 없다는 뜻이다.

디지털 시대에는 과거와 같은 정부 주도의 하향식·주입식 방식으로 새로운 문화정체성을 확립하기 어렵다. 오히려 문화적 전통은 대중이 선택하는 상품 중 하나로 볼 수 있으며, 대중이 그 것을 찾는 이유는 상품으로서의 가치를 지니고 있기 때문이다. 문화정체성 형성의 주체가 변하고 있다는 말이다.

곤경에 빠진 중국, 정체성 찾기에 나서다

21세기 중국의 문화안보에 대한 위기의식은 단순히 문화적 영역에 국한된 문제만이 아니라 경제적 영역과도 밀접한 관련이 있다. 다시 말해 전지구화 및 세계무역기구 가입에 따른 서구의 문화 침투와 확장이 중국 문화의 생존과 발전을 위협한다는 중국의 위기의식은 거대한 자본력과 글로벌 경쟁력을 갖춘 서구의 문화산업이 중국의 문화시장을 잠식해 다양한 문제가 발생할 것을 상정하고 있다. 따라서 서구의 문화 침투에 가장 적절하게 대응하려면 무엇보다 중국 문화의 시장경쟁력을 강화해야 하므로 문화산업이 경제적 영역과 직접적으로 관련이 있다고 할 수 있다.

중국 정부가 1998년 중국문화부 내에 문화산업 전담 부서를 만들고 21세기에 들어서며 문화산업을 국가 전략산업의 하나로 육성하고자 노력한 데에는 이러한 위기의식이 깔려 있는 것이다. 1990년대 등장한 이른바 '국학열'이나 전통문화의 부흥도 문화시장에서 환영받지 않았다면 별다른 영향을 미치지 못했을 것이다. 확실히 문화시장에서 유가를 중심으로 국학에 대한 수요는 폭발적으로 증가했다. 2000년대의 국학열풍은 1840년 이래 최고조에 이르렀다고 볼 수 있는데, 예를 들면 2007년에는 《논어》와 관련 있는 해설서만 해도 100종이 넘게 출간되었고, 한국에도 번역된 위단于丹의 《논어심득論語心得》은 400만 부 이상 팔렸다.

도대체 이처럼 맹렬하게 국학열풍이 일어난 원인은 무엇일까? 중국의 원로학자 천라이陳來는 이러한 국학열풍이 1990년대 이후 중국 경제 발전에 따른 민족적 자신감과 문화적 자신감의 반영이며, 민족정신과 윤리도덕의 재건에 대한 민중들의 강렬한 요구라고 해석한다.[5] 한편 중국 현대사상을 심도 깊게 연구해온 연세대학교 국학연구원 조경란 교수는 이러한 국학열을 중국이 현재 문화적으로 상당히 곤경에 빠져 있음을 보여주는 반증으로 본다. 문화대혁명으로 끝난 중국 사회주의 30년에 대한 환멸, 그에 대한 반발로 진행된 개혁개방 30년, 즉 혁명적 이상의 와해와 계몽적 이상의 와해라는 1990년대의 정신적 폐허 상황에서 국학열이 발생했으며, 이 열풍은 이른바 강국몽强國夢이 현실로 나타난 상황에서 21세기 대국 중국의 위상에 걸맞은 '정체성' 찾기의 일환이라는 것이다.[6] 모두 타당성 있는 분석이다. 필자가 강조하고 싶은 것은 문화정체성의 형성이 과거와 달리 문화시장을 주요 무대로 삼고 있다는 점이다. 국가 권력의 작동도 예외는 아니다. 이것이 바로 문화 영역에서 1990년대 이전과 이후를 구별하는 중요한 관점이라 할 수 있다.

중국의 변화는 우리에게
위협일까, 기회일까

1840년부터 현재까지 170여 년 동안 중국의 근대화 혹은 현대화 과정에서 '공자'는 항상 논쟁의 중심에 있었다. 특히 5·4운동 이후 1980년대 말까지 '공자'는 중국에서 철저하게 부정당했다. 그러나 1990년대 이후 '공자'는 다시 화려하게 부활한다. 불과 몇 십년 전 일이 무색할 정도다. 정부뿐만 아니라 지식계조차 과거 '공자' 비판에 대해 별다른 해명이 없었다. 〈하상〉에서 비판한 것처럼 중국에서 전통의 무게는 우리가 상상하는 것 이상일지도 모르겠다.

'공자'의 부활은 현대 중국에서 새로운 변화의 신호탄으로 봐도 좋다. 그리고 '공자'로 상징되는 전통문화의 부활은 21세기에 들어와 전방위적으로 확산된다. 고대 신화에 대한 발굴과 복원으로부터 치욕의 역사로 취급되었던 근대적 전통, 심지어 사회주의적 전통에 이르기까지 모든 과거의 유산은 새롭게 해석되고 상품화된다. 여기에는 한족뿐만 아니라 소수민족의 전통문화도 포함되고, 유형문화유산과 무형문화유산 모두가 속하며, 인문유산뿐만 아니라 자연유산도 들어간다. 그리고 당연하게도 이러한 모든 행위는 국가발전이나 지역발전의 명목으로 정당성을 확보한다.

중국의 이러한 변화를 경계와 의심의 눈초리로 볼 필요는 없다. 국민국가인 중국이 자신의 영토 안에 있는 전통문화를 복원하고 개발하는 것은 당연한 일이지 비난받을 만한 행위는 아니다. 물론 최근에 벌어지는 중국의 역사 왜곡에 문제의 소지가 없다는 말은 아니다. 이 문제는 좀 더 전문적인 연구와 논의가 필요하다. 다만 중국의 이러한 변화를 현대 중국의 역사적 흐름 속에서 거시적으로 파악할 필요가 있다. 또 이러한 변화가 과거와 달리 주로 문화시장이라는 영역에서 벌어지고 있는 만큼 문화산업을 둘러싼 메커니즘에 더 주목해야 한다. 궁극적인 질문이 우리 앞에 던져졌다. 중국의 이러한 변화는 우리에게 위협일까 아니면 기회일까.

2장

쿵푸팬더의 국적이
중요할까

문화전통을 가진 자와 갖지 못한 자

21세기 들어 중국 정부는 지속 가능한 발전을 위해 기존의 성장 방식과는 다른 새로운 전환을 모색한다. 이러한 전환이 성장을 포기하겠다는 뜻은 결코 아니다. 성장의 내용을 바꾸겠다는 의미로, 새로운 산업이 기타 산업에게 영향을 줘 또 다른 발전의 동력으로 삼겠다는 것이다. 그리고 이 과정에서 문화산업은 국가 전략 산업으로 부각했다. 무엇보다 21세기 초 10년간 중국 문화산업의 급격한 발전은 중국 정부의 이러한 결정에 무게를 실어준다.

21세기 중국의 국가 비전
: 사회주의 문화강국

2011년 10월 15일부터 18일까지 나흘간 베이징에서 개최된 중국 공산당 제17기 중앙위원회 제6차 전체회의(중공17기6중전회)는 대단히 중요한 의미를 지닌다. 왜냐하면 이 회의는 중국공산당 역사상 최초로 '문화'라는 단일한 주제를 놓고 진행된 중앙위원회 전체회의이기 때문이다. 국가의 주요한 전략을 수립하고 결정하는 중공 중앙위원회 전체회의에서 나흘 동안 '문화'만을 논의했다는 사실은 가볍게 보고 넘길 일이 아니다. 왜 문화였을까? 21세기 첫 번째 10년을 마감하고 두 번째 10년을 준비하는 시점에 중국은 왜 '문화'를 국가 전략의 전면에 부각시켰을까? 그리고 이 회의에서 결정된 중국 정부의 전략은 과연 무엇이었을까?

우선 이 회의의 준비 과정을 한번 살펴보자. 표2는 2011년 4월 중공17기6중전회의 성격과 주제, 준비 방식 및 책임자를 결정한 후 장장 6개월 동안 진행한 회의 준비 과정을 요약하고 있다. 여기서 보는 바와 같이 이 회의는 중국공산당 최고 지도부인 정치국 상무위원이자 중국공산당 서열 5위인 리창춘李長春이 준비팀장을 맡았는데, 그는 준비 과정에서 27개의 과제연구팀을 조직하고 중국 전역에 걸쳐 현장 조사와 전문가의 의견을 수집했다. 특히 준비 기간 동안 후진타오 주석이 세 차례나 회의를 직접 주관한 사실에서 중국 정부가 이 회의에 얼마나 중요한 의미를 부여하고 있는지 알 수 있다. 이러한 준비 과정을 거쳐 중공17기6중전회는 마지막 날 〈문화체제개혁 심화와 사회주의 문화 대발전·대번영을 추동하기 위한 몇 가지 중대한 문제에 관한 결정〉(이하 '결정'이라고 칭함)을 통과시킨다.

그렇다면 이 〈결정〉의 핵심적인 내용은 무엇일까? 결론부터 말하면 〈결정〉은 두 가지로 정리할 수 있다. 하나는 개혁개방 이후 중국이 취할 국가 발전 전략의 근본적인 변화다. 〈결정〉은 향후 중국의 국가 비전을 '사회주의 문화강국 건설'로 규정한다. 일견 평범해 보이는 이 결정은 대단히 중요한 의미를 내포하고 있다. 주목해야 할 것은 두 가지인데, 첫째는 21세기 두 번째 10년을 맞이하면서 중국이 '경제'가 아니라 '문화'를 강조하고 있다는 점, 그리고 '문화대국'에서 '문화강국'으로의 전환을 요구하

날짜	내 용	비 고
(2011년) 4월	중앙정치국 상무위원회 회의, 중앙정치국 회의	17기6중전회 성격과 주제, 준비 방식 및 책임자 결정
4월 27일	중공중앙판공청 지방행정부서에 공문 발송	총 121부의 의견 접수
4월 28일	후진타오 준비팀 전체회의 소집	문건의 내용, 방향 등에 관한 요구 하달
	27개 과제연구팀 조직	48개의 성과보고서 접수
5월 6일~19일	리창춘 등 고위급 인사 현장 조사	산시성, 광둥성, 지린성, 랴오닝성, 베이징 시, 장쑤성, 섬서성 등 7개 성과 13개 지역 현장 조사
	준비팀은 8개 현장조사팀 조직	12개 성에 대한 조사 (총 51회의 좌담회에 810명 전문가 참여)
6월 8일	준비팀 초고 제출	
7월 7일	중앙정치국상무위원회 회의 소집	정치국상무위원회 1차 심의(후진타오 주재)
7월 14일	중앙정치국상무위원회 회의 소집	정치국상무위원회 2차 심의(후진타오 주재)
7월 22일	후진타오 중앙정치국 회의 소집	중앙정치국회의 1차 심의
8월 1일	중공중앙판공청 각 지역의 관련 부 서에 문건 초고 발송	중복된 의견을 제하고 총 1498개의 의견 접 수. 이를 토대로 준비팀은 309개 부분 수정
8월 17일	후진타오 당외 인사 의견 청취	민주당파, 무당파, 전국공상연합회 등 좌담회
8월 19일	리창춘 문화계 전문가 좌담회 개최	문건에 대한 의견 청취
9월 16일	중앙정치국상무위원회 회의 소집	정치국상무위원회 3차 심의(후진타오 주재)
9월 26일	후진타오 중앙정치국 회의 소집	문건 초안 최종 결정
10월 15일	17기6중전회 개최	123개의 수정안 제기
10월 17일	중앙정치국상무위원회 회의	수정안에 대한 토론 및 수정 결정
10월 18일	17기6중전회 전체회의	〈결정〉 통과

[표2] 중공17기6중전회 준비위원회 준비 일정

기 시작했다는 점이다. 다른 하나는 '사회주의 문화강국'이라는 국가 비전을 실현하기 위해 국가 전략을 수립한 것으로, '문화산업을 국민경제 지주 산업으로 육성'하겠다는 전략을 말한다. 이처럼 2011년에 중국 정부가 새로운 국가 비전과 전략을 수립한 이유는 무엇일까? 이것이 이 장의 핵심 주제다. 물론 이 주제는 다양한 측면에서 접근이 가능하지만 이번 강의에서는 가능한 한 '전통'과의 관계 속에서 이야기를 풀어보려 한다.

최후의 승부처는
문화다

우선 첫 번째 질문은 '중국은 왜 문화산업에 주목하기 시작했는 가?' 하는 것이다. 이것은 1990년대 가속화하기 시작한 세계 경제의 패러다임 변화와 관계가 있다. 러시아 경제학자 니콜라이 콘드라티예프Nikolai D. Kondratiev의 견해에 따르면 세계 경제는 50~60년을 주기로 상승과 하강을 반복한다고 한다. 그리고 많은 경제학자들이 현재 세계 경제가 1990년대부터 시작된 제5파에 진입했다고 판단하고, 향후 50~60년간의 시기를 주도할 기반 기술로 정보통신 기술을, 경제성장을 주도할 핵심 산업으로 정보, 바이오, 서비스, 문화산업 등을 꼽고 있다. 특히 많은 미래학자들이 21세기는 이미 지식 기반 경제에서 콘텐츠 기반 경제로 진화하고 있다고 진단하는 가운데 미국의 경영학자이자 작가인 피터 드러커Peter Druker는 "21세기는 문화산업에서 각국의 승패가 결정될 것이다.

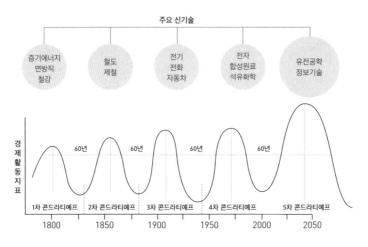

[표3] 콘드라티예프 파동론에 기초한 세계 경제의 장기 파동

최후 승부처가 바로 문화산업이다"라고 단언하기도 했다.

40만 개의 일자리를 창출한 영국의 창조산업

이러한 패러다임의 변화를 국가 전략적 차원에서 가장 먼저 주도
한 나라가 바로 영국이다. 1997년에 영국에 들어선 노동당 정부
는 세계가 바야흐로 지식경제사회로 진입하게 되었음을 천명하
고, 창조산업을 새로운 시대의 주요한 자원으로 인식하며 미래 전
략산업으로 지정한다. 이후 2000년대에 들어서 영국정부는 '디지

털콘텐츠 실천계획'을 발표하면서 디지털콘텐츠산업을 국내총생산GDP의 10퍼센트 수준으로 성장하도록 육성하고 관련 일자리를 100만 개 이상 창출하겠다는 목표를 세운다. 또한 2005년에는 새로운 비전으로 '디지털 전략'을 발표하고, 영국을 전 세계 창조산업을 선도하는 허브로 만들고자 '창조경제 육성계획'을 추진한다. 그리고 2008년에 출발한 '창조적인 영국: 새로운 경제를 위한 새로운 재능' 프로그램에서 총 8개 부문 26개 과제를 설정해 영국의 콘텐츠산업과 관련한 인재 육성정책을 제시하기도 했다.

영국의 이러한 정책 추진 결과는 세계 각국의 주목을 받는다. 2008년 영국정부 보고서에 따르면, 창조산업 분야가 영국 경제에 미치는 영향이 5천9백10억 파운드로 총부가가치의 5.6퍼센트를 차지했는데 이는 유럽 평균의 두 배가 넘는 수치다. 콘텐츠산업의 수출액은 2008년 1천7백30억 파운드를 기록하면서 전체 수출액의 4.1퍼센트를 차지하는 것으로 나타났다. 2012년 〈매일경제〉의 발표에 따르면 영국은 이러한 전략을 채택한 후 1997년 1인당 GDP가 2만 3천 달러에서 불과 6년 만에 3만 달러를 돌파하고, 다시 3년 뒤인 2006년에는 4만 달러를 돌파했다고 한다. 더불어 창조산업 분야에서 생겨난 일자리만 40만 개에 달한다고 전했다.

제2의 〈반지의 제왕〉을 노리다

다른 사례를 살펴보자. 유명한 영화 〈반지의 제왕〉은 뉴질랜드 경제에 적지 않은 영향을 끼쳤다. 우선 〈반지의 제왕〉 세 편의 흥행 실적을 보면 왜 문화산업이 고부가가치 산업인지 실감할 수 있다.

더욱 흥미로운 것은 〈반지의 제왕〉이 영화 자체 수익뿐 아니라 뉴질랜드 경제에 끼친 영향이다. 한국콘텐츠진흥원의 보고서에 따르면 영화 〈반지의 제왕〉의 흥행은 뉴질랜드의 관광산업, 영상산업, 국가 이미지, 일자리 창출 등 다방면에 커다란 영향을 주었다고 한다. 이를 일명 '프로도 경제'라고 부른다.

일본 역시 이러한 국제적 흐름에 적극적으로 대처하기 시작한다. 본래 미국과 일본은 문화산업 영역에서 정부의 개입을 극도로 자제하고 시장의 주체인 기업을 중심으로 발전을 도모하는

(단위: 달러)

영화명	개봉년도	제작비	마케팅비	흥행수입(극장)
1편 <반지원정대>	2001	9천3백 만	5천 만	8억 7천 만
2편 <두 개의 탑>	2002	9천4백 만	4천5백 만	9억 2천6백 만
3편 <왕의 귀환>	2003	9천4백 만	5천 만	10억 7천 만

부대수익 : 1, 2편 DVD판매, 대여 시장 → 5억8천4백만

[표4] 〈반지의 제왕〉 시리즈의 흥행 실적

특징을 보였는데, 21세기에 들어서 일본정부는 이러한 패러다임의 전환에 노력을 기울이는 모습을 보인다. 2001년 이른바 'e-재팬' 전략을 발표하고 〈문화예술진흥기본법〉을 제정하더니 2004년에 '신산업창조' 전략 수립, 〈콘텐츠진흥법〉 제정, 그리고 2005년에는 '네오 재패니스크' 전략, 2007년에는 '이노베이션25' 전략, 2010년에는 '지적재산 추진계획 2010'과 '신성장 전략' 등을 추진한다.

물론 우리나라도 예외는 아니다. 2003년 한국정부는 차세대 성장동력 10대 산업을 선정해 발표했는데 여기에 '디지털콘텐츠/소프트웨어 솔루션'이 포함되어 있었다. 2009년에 내용을 수정해 발표한 3대 분야 17대 신성장동력 사업은 방송·통신융합산업, 콘텐츠·소프트웨어산업 등을 포함하고 있다. 여기서 '콘텐츠·소프트웨어산업'의 구체적인 내용으로는 ① 게임, ② 차세대 영상 뉴미디어, ③ 가상현실 콘텐츠, ④ 창작·공연·전시, ⑤ 융복합 콘텐츠, ⑥ 양방향 인터렉티브 콘텐츠, ⑦ 가상세계, ⑧ 컴퓨터 그래픽 콘텐츠 등이다. 또한 박근혜 정부에 들어서는 '미래창조과학부'가 신설되기도 했다. 2013년 4월 18일 미래창조과학부의 청와대 업무보고 내용을 보면, '과학기술과 ICT를 통한 창조경제와 국민행복 실현'을 비전으로 삼고, 핵심 사업으로 첫째, 국가 R&D와 ICT 역량을 총동원해 창업생태계 조성하고 둘째,

과학기술과 ICT를 기반으로 신산업과 신수요를 창출하고 기존 산업을 강화하며 셋째, 21세기 언어인 소프트웨어와 콘텐츠를 창조경제의 핵심 산업으로 육성할 것이라 밝히고 있다.

중국 발전의 딜레마,
중진국의 함정

그렇다면 중국은 어떨까? 우선 21세기에 들어선 중국의 발전 모습을 둘러싸고 여러 가지 견해가 있다. 예컨대 미국의 대표적인 씽크탱크인 카네기재단은 2035년이 되면 중국의 경제 규모가 미국을 제치고 세계 1위로 등극할 것이며, 2050년이 되면 중국 GDP가 82조 달러를 기록해 미국의 두 배에 이를 것이라 예측했다.

일본경제연구센터의 〈2050년 세계 경제 장기예측 보고서〉는 2020년이면 중국의 GDP 규모가 미국을 앞서며, 2050년이 되면 중국의 경제 규모가 일본의 일곱 배 수준이 될 것이라 전망했다. 국제통화기금 역시 구매력 기준으로는 중국이 2016년에 미국을 추월할 것으로 본다. 그리고 경제의 덩치가 커지는 양적 측면뿐 아니라 질적 측면, 즉 산업 고도화 측면에서도 중국이 가시적인 성과를 나타낼 것으로 추측한다.

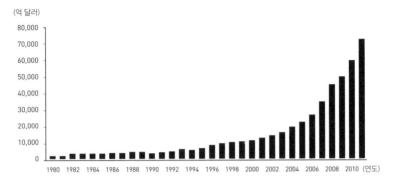

(억 달러)

80,000
70,000
60,000
50,000
40,000
30,000
20,000
10,000
0

1980 1982 1984 1986 1988 1990 1992 1994 1996 1998 2000 2002 2004 2006 2008 2010 (연도)

[표5] 중국의 GDP 규모 (출처: 중국국가통계국)

중국이 연구 개발에 쏟은 금액이 2012년에 약 1천5백40억 달러로 추정되는데, 이 액수는 미국과 비교하면 40퍼센트 수준이지만 일본의 1천4백40억 달러를 넘어 세계 2위에 달하는 수치이기 때문이다. 실제로 2010년 중국 경제 규모는 일본을 추월하고 이른바 G2의 반열에 올라선다.

이렇듯 21세기 중국의 급격한 발전에 세계가 놀라고 있는 것은 분명하다. 흥미롭게도 경제학자 앵거스 매디슨Angus Maddison의 연구에 따르면 지난 2천 년 동안 중국이 세계 경제에서 차지하는 비중이 서구권보다 작았던 때는 최근 140여 년이 유일하다고 한다. 서기 1천 년, 즉 송나라 때의 중국 경제 규모를 보면 유럽 30개 국가를 합친 것의 2.5배에 달했다고 한다. 그러니까 매디슨의 연구에 따르면 21세기 중국의 발전은 기적과 같은 놀라운 일이 아니라 아편전쟁 이후 서구 제국주의의 침략으로 무너졌던 경제 수준을 이제야 비로소 회복하고 있는 현상으로 볼 수 있다는 것이다.

물론 중국의 발전을 두고 부정적인 시선도 많다. 거품이라는 비판이 그렇다. 그러나 중국의 발전 방식이 바뀌어야 한다는 목소리는 중국 내에서 강력하게 제기되었고, 중국 정부 역시 경제 체제 개선에 많은 노력을 기울이고 있다. 그렇다면 개혁개방 이후 중국의 발전 과정에서 무엇이 문제로 제기되었을까?

빠른 경제성장이 가져온 정체, 신흥경제국의 딜레마

2012년 중국의 개혁개방 경제정책을 실질적으로 입안하고 추진했던 경제학자이자 중국국무원 발전연구센터 학술위원회 부주임인 우징롄吳敬璉은 구이양에서 열린 생태문명 회의의 기조연설에서 핵심적인 문제를 제기한다. 즉 "중국이 중급 소득 국가가 됐으나 기술 진보와 효율성 제고를 통한 새로운 성장 동력을 찾지 못하면 중진국 함정에 빠질 수 있다"라는 내용의 지적이었다. 여기서 말하는 '중진국 함정'이란 신흥경제국의 1인당 국민소득이 4천 달러와 1만 달러 사이에서 장기간 정체되는 현상으로 1960년에서 1970년대 브라질, 아르헨티나, 칠레 등의 남미 국가와 1970년대 필리핀, 말레이시아 등 동남아시아 국가들이 해당된다. 이 신흥경제국들은 왜 중진국 함정에 빠졌을까?

일반적으로 경제학에서 경제를 성장시키는 방법은 생산요소의 투입 증가와 생산성 향상을 통해 이루어진다. 여기서 생산요소의 투입이란 노동과 자본의 투입을 말하며 생산성 향상이란 기술혁신(노동의 질)의 향상을 말하는데, 후발국이 선진국보다 경제성장률이 높은 이유는 선진국은 도시화가 상당히 높은 수준에 도달해 있으므로 생산요소의 지속적인 투입이 어려운 데 비해 후발국은 두 가지 요소를 모두 사용할 수 있기 때문이다. 따라서 선진국은 경제성장 방식을 생산요소 투입 증가로부터 생산성 향상, 즉 기술혁신으로 전환하는 시도를 하고 이러한 전환은 상대적으로 쉽게 진행된다. 그러나 후발국은 이러한 전환이 쉽게 이루어지지 않는다. 그 이유는 생산성 향상과 관련 있는 분야를 선진국이 이미 선점하고 있어서 경쟁력을 갖추기 어렵기 때문이다. 더구나 생산요소 투입이 늘어나 경제가 발전하면 도시화에 따른 인구 감소가 시작되고 부양률이 높아지는데 후발국이 생산성 향상을 이루지 못한 상황에서 생산 가능한 인구 비율 감소가 동시에 닥치면 바로 중진국 함정에 빠지게 되는 것이다.

중국 경제성장의 밑거름, 자본

그렇다면 중국은 어떤 상황일까? 개혁개방 이후 중국은 마오쩌 둥 시대의 과도한 중공업 비중을 축소하고 경공업 육성에 치중한 결과 1980년에서 2000년 사이 경공업과 중화학공업의 비중을 50 대 50 수준으로 유지한다. 그러나 2001년 세계무역기구 가입과 함께 노동집약적 산업뿐만 아니라 자본집약적 산업을 집중적으로 육성해 수출 확대를 도모하기 시작했다. 그 결과 산업정책을 바꾼 지 5년만인 2005년에 경공업 비중이 30퍼센트 이하로 하락한다. 다시 말해 개혁개방 이후 지금까지 연평균 경제성장률은

(단위: %, %p)

연 도	GDP	자 본	노 동	총요소생산성(TFP)[*]
1978~2007	9.8	6.3	0.9	2.6
1978~1985	9.8	5.1	1.2	3.5
1985~1989	7.9	5.5	2.2	0.2
1990~1997	11.5	6.8	0.4	4.3
1997~2000	8.0	6.5	0.4	1.0
2000~2007	10.4	7.5	0.4	2.5

[*] 총요소생산성 : 노동 및 자본과 같은 물리적 투입요소 증가 외에 기술 발전, 인적자본 향상 등 성장률을 높이는 요인을 포괄하는 수치

[표6] 중국 경제의 성장 기여도 (출처: 한국은행, 《국제경제정보》 제2011-34호, 2011)

큰 차이가 없으나 '소비·투자' 주도의 성장에서 '투자·수출'의 외부지향적 구조로 성장의 내용이 변한 것이다. 2000년대 이전까지 GDP에서 차지하는 수출 비중은 20퍼센트 미만이었지만 2007년에는 50퍼센트까지 증가했으며, GDP 대비 투자 비중은 1990년대 30퍼센트 수준에서 2000년대 40퍼센트대로 상승한다. 중국의 이러한 산업정책과 자본집약적 산업의 구조조정이 '투자 → 수출 → 투자'의 선순환 고리를 형성하면서 고도의 경제성장을 견인한 것이다. 그러나 2000년대를 기점으로 성장 내용이 달라졌는데도 개혁개방 이후 30년간 중국 경제의 고도 성장은 주로 자본 투입 확대에 기반해 있었다.

21세기 중국은
계속 성장할까

이러한 상황에서 중국이 향후 고성장을 지속할 수 있을지를 두고 세 가지 핵심적인 과제가 쟁점으로 등장한다. 첫째는 자본 투입을 통한 성장의 지속 가능성 여부, 둘째는 고부가가치 산업으로의 구조조정 가능성 여부, 셋째는 고투자 위주에서 소비 위주로의 경제 구조 전환 가능성 여부다. 이 중 첫 번째 과제, 즉 자본 투입 확대를 통한 성장의 지속 가능성 여부는 동아시아 선발국의 경험에 비춰볼 때 어려워 보인다. 일본과 한국 등은 투자 및 수출 중심의 성장모델로 장기간 고성장을 이루었으나 자본 투입을 통한 생산성 제고가 한계를 드러내면서 성장률이 둔화되기 시작했다. 모건 스탠리 역시 2010년 보고서에서 2007년을 기점으로 자본 투입 확대를 통한 고도 성장 시기가 끝났고 성장률의 기조적 하락기에 접어들었다고 중국 경제를 분석한다. 그렇다면 이제 다른 두 가지

구 분	2010년	2015년	2020년	증감률
제1차 산업	10.4	7.8	5.7	-4.7
제2차 산업(광업/제조업/건축업)	48.8	47.3	47.1	-1.7
제3차 산업	40.8	44.9	47.2	+6.4

[표7] 중국 산업구조의 변화 전망 (출처 : 중국 국무원연구발전중심, 2010)

과제, 즉 고부가가치 산업으로의 구조조정과 소비 위주로의 경제 구조 전환이 문제다. 중국 정부 역시 이러한 상황을 명확히 인식하고 있는 것으로 보인다.

중국 정부는 자국기업의 선진국 진출을 적극적으로 지원해 단순 조립에 치우쳐져 있는 가치사슬을 연구개발·기술, 부품 생산, 브랜딩·판매 등 고부가가치 부문으로 확장할 수 있도록 독려하고 있다. 또한 가공무역에 편중된 외국인 투자를 고부가가치 부문으로 유도하기 위해 가공무역에 대한 지도를 강화하고 첨단 제조업·서비스업에 대한 투자를 장려하는 정책을 추진하고 있다. 연구개발 투자 역시 연평균 10퍼센트 이상 빠르게 늘어 현재 미국에 이어 세계 2위의 연구개발 투자국으로 부상했다.

한편 중국 정부는 2010년 10월 중국공산당 제17기 중앙위원회 제5차 전체회의(중공17기5중전회)에서 '포용적 성장'을 핵심으로 하는 12차 5개년 계획을 발표하면서 내수 확대, 안정적 경제 발전, 소득분배 조정 등을 핵심 내용으로 부각시켰다. 특히 12차 5개년 계획은 소비 촉진을 위해 상업시설, 유통, 금융 인프라 개선 및 정부 보조 확대를 추진하는 정책으로 과거와는 다른 '성장 방식의 전환'을 의미한다고 평가할 수 있다.

중국 문화산업 시장의 급격한 확대

이처럼 21세기 들어 중국 정부는 지속 가능한 발전을 위해 기존의 성장 방식과는 다른 새로운 전환을 모색한다. 이러한 전환이 성장을 포기하겠다는 뜻은 아니다. 성장의 내용을 달리하는 것으로, 이러한 새로운 산업이 기타 산업에게 영향을 줘 또 다른 발전의 동력이 될 수 있도록 하겠다는 의미다. 그리고 이 과정에서 문화산업은 국가 전략 산업으로 부각한다. 무엇보다 21세기 초 10년간 중국 문화산업의 급격한 발전은 중국 정부의 이러한 결정에 무게를 실어준다. 표8에서 보듯이 중국의 문화산업의 연평균 성장률은 2004년부터 2010년까지 23.6퍼센트에 달한다. 같은 기간 GDP 성장률의 두 배가 훨씬 넘는 수치다.

좀 더 체감하기 쉬운 통계를 보자. 표9는 2002년부터 2009년까지 중국의 영화 생산량을 보여준다. 2002년 한 해에 38편이 만

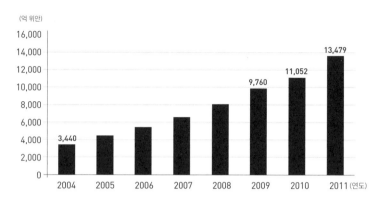

(억 위안)

[표8] 중국 문화산업 증가치 (출처: 중국국가통계국)

들어진 중국 영화는 불과 7년 만에 456편을 제작하는 정도로 발전한다. 참고로 2011년 한국 영화는 216편이 제작되었다. 영화 제작 편수가 급증한 것은 그만큼 시장이 확대되었다는 뜻이다. 극장 수도 급격히 증가했는데 2005년에 1천2백43개 극장에 스크린 수가 2천6백68개였던 것이 2011년에는 극장 수 2천8백 개에 스크린 수는 9천2백 개로 늘어난다. 불과 6년 만에 극장 수는 두 배 이상, 스크린 수는 세 배 넘게 증가한 것이다. 2011년 한국의 극장 수가 292개, 스크린 수가 1천9백74개인 것과 비교하면 증가치는 물론 시장 규모에서도 놀랄 만한 성장이라 할 수 있다.

이러한 성장은 비단 영화에만 국한되지 않는다. 문화산업

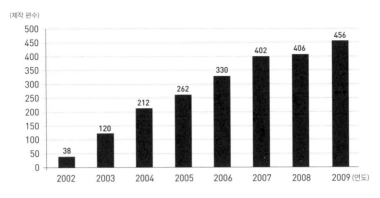

(제작 편수)

[표9] 중국 영화 생산량 (출처: 중국광파전영전시발전보고)

가운데에서도 특히 첨단기술을 요구하는 영역, 예컨대 애니메이션, 온라인게임, 모바일 콘텐츠와 같은 장르를 주목할 필요가 있다. 왜냐하면 전통적인 문화산업 장르와 달리 이러한 영역들은 차세대 성장 동력 산업의 핵심적인 역할을 담당할 뿐만 아니라 산업 구조조정에 있어서도 대단히 중요하기 때문이다. 이런 장르들은 실제로 우리나라에서도 강조하고 있는 정보통신기술(Information and Communications Technologies, ICT)과 밀접한 관련이 있다. 중국 정부 역시 이러한 문화산업을 발전시키기 위해 많은 노력을 기울였고, 실제로 괄목할 만한 성장을 이뤘다. 표10을 통해 21세기 초반 10년간 중국의 창작 애니메이션 생산량을 살펴보자.

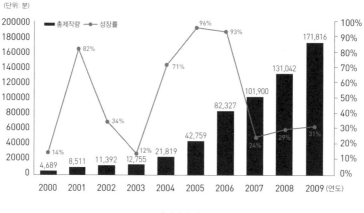

(단위: 분)

[표10] 애니메이션 생산량

중국에서 애니메이션은 2000년에 4천6백89분이 제작됐는
데 2009년에는 17만 1천8백16분으로 증가했다. 시장의 수요가
없으면 절대 불가능한 증가 폭이다. 물론 그 이면에는 함정도 있
다. 몇 년 전 중국의 애니메이션 제작 기업들을 조사한 결과를 보
면 일반적으로 수준이 괜찮은 애니메이션 1분을 만드는 데 1만
위안(한화 약 1백80만 원)가량이 필요하다고 밝혀졌다. 그렇다면 중국
중앙방송국에서 애니메이션의 방영권을 구입하는 가격은 얼마일
까? 비공개로 알려진 금액이 약 1천5백 위안(한화 약 27만 원) 정도라
고 한다. 성급省級 방송국은 1천 위안 미만이다. 이런 가격이면 애
니메이션 제작사는 방송국에 작품을 팔아서는 제작비도 못 건진

130

131

다. 물론 수익모델이 이것만 있는 것은 아니지만 방송국의 방영권 구매 가격이 턱없이 싸다는 비판은 지금도 중국에서 여전히 논란거리다.

그런데 중국에는 이를 보완하는 여러 정책들이 있다. 가장 대표적인 것이 바로 보조금 제도인데, 중국의 각 도시에 구축되어 있는 소위 문화산업 클러스터들은 기업 유치를 위해 각종 우대정책을 실시하고 있다. 예를 들면 입주 기업이 제작한 애니메이션이 중앙방송국에서 방영되면 분당 3천 위안을 보조금으로 주고, 성급 방송국에서 방영되면 분당 1천 위안을 보조금으로 지급하는 식의 정책이다. 이와는 별개로 애니메이션 제작사들은 수익을 내기 위해 제작비를 낮추는 데 전력을 기울이며, 이때 가장 쉬운 방법 중 하나가 바로 인건비를 줄이는 것이다. 이런 환경에서 수준 높은 애니메이션을 창작하기란 쉽지 않다. 그런데도 중국 애니메이션 생산의 성장은 놀랍다. 이 성장에는 정부 정책의 영향이 큰 역할을 하고 있는데, 성급 방송국은 매일 두 시간 이상 애니메이션 방영 시간을 확보해야 하고 그 방영 시간의 70퍼센트 이상은 국내 작품이어야 한다는 것이 법으로 규정되어 있다.

발전하고 있는 중국 문화산업 가운데 특히 눈길을 끄는 장르는 바로 온라인게임이다. 2011년 말 기준으로 중국의 인터넷 사용자는 약 5억 1천3백만 명이며, 인터넷 보급률은 38.3퍼센트

	2003	2004	2005	2006	2007	2008	2009	2010	2011	2012
성장률 (%)		66.5	44.1	60	77.7	52.2	49.7	37.3	28.8	24.7
시장 규모 (억 달러)	20	33.3	48	76.8	136.5	207.8	311	427	550	686

[표11] 중국 온라인게임 시장 규모

에 이른다. 현재 중국의 온라인게임 시장 규모는 세계 1위다. 모바일인터넷 사용자도 2011년 기준 약 4억 5천만 명에 달한다. 전 세계 문자 메시지의 50퍼센트가 중국에서 발송된다는 말이 있다. 시장 규모가 크다는 사실은 산업적 측면에서 부러운 일이 아닐 수 없다.

중국의
문화원형°을 찾아라

중국 문화산업 시장의 급격한 확대는 중국 기업의 성장에도 결정적 역할을 했지만, 선진국의 글로벌 기업들에게도 굉장한 매력으로 다가왔다. 특히 21세기에 들어서 중국 시장을 장악하기 위한 경쟁이 치열하게 전개되었다. 흥미로운 점은 글로벌 문화산업 기업들이 중국 시장 진출을 위해 우선적으로 취한 전략 중 하나로 중국의 전통문화 소재를 콘텐츠로 개발했다는 것이다. 몇 가지 예를 살펴보자.

2008년에 개봉한 영화 〈포비든 킹덤〉은 동양 판타지의 정수라 불리는《서유기》를 모티브로 한 작품으로, 미국에서 제작되었다. 중국의 대표적인 무술 연기자인 청룽成龍과 리롄제李連傑가 주연을 맡았다. 제작비가 7천만 달러에 제작 기간은 4년이었다. 그러니까 2004년부터 제작을 준비했다는 말이다. 이 영화는 미국 전역의 3천1백51개 스크린에서 개봉했고, 첫 주에 총 2천87만 달러의 흥행 수익을 기록하면서 전미 박스오피스 1위를 차지했으며, 중국에서도 박스오피스 1억 8천5백만 위안(한화 약 278억 원)을 기록했다. 그렇다면 〈포비든 킹덤〉은 중국 영화일까 미국 영화일까? 이 문제가 그리 중요하지 않다고 생각하겠지만 적어도 중국 정부에게는 대단히 중요한 사안이었다.

또 다른 영화를 보자. 〈미이라 1〉, 〈미이라 2〉의 성공을 바탕으로 만들어진 〈미이라 3〉의 무대는 중국이다. 진시황릉의 병마

○ 문화원형이라는 말은 여러 갈래로 이해가 가능하다. 문화의 원초적 형태부터 어떤 집단의 정체성을 가진 전형적인 문화, 특정 집단이 지향하는 가치를 갖는 문화의 원형질 같은 것을 대표적인 의미로 꼽을 수 있다. 그러나 최근 한국에서 문화콘텐츠산업의 부상과 함께 자주 사용하는 문화원형이라는 용어의 의미는 '문화산업진흥기본법(1999)'이나 한국콘텐츠진흥원의 활동과 관계가 깊은데 여기서의 개념은 다음과 같이 정리할 수 있다. ① 문화산업적 변형과 활용을 의식한 문화개념으로, 변형되지 않고 활용의 잠재력을 간직한 문화자료 ② 무엇을 만들기 위한 소재로 인식된 문화로, 문화콘텐츠의 소재 ③ 문화상품을 의식한 개념으로, 상품의 재료가 될 만한 한국 전통문화 그 자체 ④ 한국에서 전형성을 갖는 전통문화 현상으로, 가공 상품으로 변형되기 이전의 상태 ⑤ 국적이 모호하거나 문화적 뿌리가 심하게 뒤섞인 현대 한국문화보다는 한국적 정체성을 갖는 전통문화 ⑥ 한국적 고유성을 간직한 문화 현상으로, 세계적 차원에서 볼 때 다른 나라와 구별될 만한 특성을 지닌 한국문화.
배영동, 〈문화콘텐츠화 사업에서 '문화원형' 개념의 함의와 한계〉, 《인문콘텐츠》 제6호, 2005 참조

용, 근대 상하이의 전경 등이 거대한 스케일로 등장하며 제작비 1억 8천만 달러가 투입된 대작이다. 한국에서도 개봉 사흘 만에 1백만 관객을 돌파했다. 물론 중국에서도 대단히 흥행한 영화다. 그런데 이 영화는 캐나다, 독일, 미국이 연합해 제작했다. 2000년에 만들어진 〈와호장룡〉 역시 중국, 홍콩, 대만, 미국이 공동으로 제작에 참여한 영화다. 아카데미 영화제에서 10개 부문의 후보에 올랐고 외국어 영화상을 비롯해 촬영상, 미술상, 음악상 등 4개 부문을 수상했다. 이 영화는 미국 내 최초로 1억 달러 고지를 달성한 외국어 영화로도 유명하다.

사실 이런 사례들을 보면 우리의 '한류'에 대해서도 여러 생각이 들지 않을 수 없다. 21세기에 들어선 후 우리나라 문화와 관련해 가장 뜨거운 이슈가 바로 '한류'다. 한국 정부도 한류 진흥을 위해 다각적인 노력을 기울여왔다. 대표적인 지원 사업의 하나가 바로 우리 문화원형의 디지털 콘텐츠화 사업이다. 문화콘텐츠를 개발할 때 문화원형은 대단히 중요하게 취급된다. 우리나라 문화 산업의 발전 가능성을 말할 때 빠지지 않고 언급되는 것이 바로 풍부한 문화적 전통이다. 그러나 여기에 대한 반론도 얼마든지 가능하다. 예를 들면 미국이 풍부한 역사와 문화를 보유하고 있어서 문화산업의 최강국이 된 것은 아니다. 바로 이런 맥락에서 콘텐츠의 국적 문제를 깊이 생각해볼 필요가 있다.

문화적 전통이 가로막는 상상력의 장벽

이런 질문을 해볼 수 있다. 최근 우리나라에서는 '한류 지속화'를 둘러싼 논의가 끊이지 않고 있다. 그런데 과연 한류 콘텐츠가 무엇인지에 관한 질문은 거의 하지 않는다. 단순화해 질문해보면, 만약 미국의 유명한 감독이 한국을 소재 삼아 한국 배우들을 선택해 한국을 배경으로 영화를 찍었다면 이 영화는 한류 콘텐츠일까? 반대로 한국 감독이 중국의 문화적 소재를 가지고 영화를 찍었다면 이 영화는 한류 콘텐츠일까? 봉준호 감독이 만든 〈설국열차〉의 원작은 프랑스 만화였고, 배우들 대부분이 외국인들이었다. 배경은 국적 불문이라 볼 수 있다. 그렇다면 〈설국열차〉는 한류 콘텐츠일까?

위 영화들을 사례로 거론한 이유는 한 국가의 전통문화적 소재가 풍부하면 문화산업 발전에 도움이 되긴 하지만 그것이 절대적이지는 않다는 점을 설명하기 위해서다. 영화와 애니메이션 산업의 최강자인 미국이 정작 자신의 전통문화는 풍부하지 않은 것도 같은 맥락이다. 오히려 미국은 전 세계의 문화유산들을 마치 제 것인 양 사용한다. 유럽 문화든 아랍 문화든 중국 혹은 일본 문화든 필요하다면 아무 거리낌 없이 콘텐츠 제작에 활용한다. 심지어 왜곡된 문화일지라도 신경 쓰지 않는다. 어쩌면 문화 콘텐츠, 다시 말해 학술적인 작품이 아니라 시장을 겨냥한 상품으로서 문화 콘텐츠이기 때문에 더 자유로울지도 모른다. 영화는 그냥 영화로 봐달라는 식이다.

문화적 전통이 빈약하기 때문에 오히려 전통문화의 국적에 연연하지 않을 수 있으며, 그런 과정에서 미국 문화산업이 더 풍부한 상상력을 발휘하는 것이 아닐까. 그리고 우리 문화산업 역시 발전을 위해 이러한 장벽을 과감히 넘어서야 하지 않을까. 언제인지 기억이 잘 나지 않지만 우리나라 어느 감독이 칭기즈칸을 소재로 영화를 만들겠다고 했다가 사회의 지탄을 받아 기획을 철회한 일이 있었다. 칭기즈칸은 세계사적으로 중요한 인물이기 때문에 얼마든지 영화로 제작할 수 있는데도 과거에 우리를 침략했던 국가의 인물이라 반발이 컸던 것이다.

그리스·로마 신화도, 클레오파트라도, 알렉산더도, 천일야화도 미국의 영화 제작자들은 자유롭게 활용한다. 진시황과 관련된 소재 역시도 글로벌 콘텐츠로 제작하는 데 손색이 없다고 생각한다. 물론 중국에서도 장이모우, 천카이거 등 유명한 감독들이 진시황과 관련된 영화를 제작했다. 그러나 우리나라 감독이라면 이들과 다른 영화를 만들 수 있다고 본다. 한류의 힘은 이런데 있지 않을까? 우리 전통도 아직 제대로 발굴하고 개발하지 못하면서 다른 나라의 문화와 전통에 왜 눈을 돌리느냐고 비판한다면 콘텐츠의 국적 문제는 우리의 발목을 끊임없이 잡을 것이다.

사실 이 문제는 중국도 마찬가지다. 중국의 상황은 우리보다 더 복잡하다. 국적뿐만 아니라 중국 내 소수민족 문제도 존재하기 때문이다.

미국으로 건너가 대박을 친 중국의 문화원형

1998년에 나온 〈뮬란〉이라는 애니메이션을 살펴보자. 〈뮬란〉은 중국의 유명한 설화인 '무란'의 내용을 각색한 작품으로 화려한 색채와 동양적 여백의 미, 선의 아름다움을 훌륭히 표현했다는 평가를 받았다. 미국의 디즈니가 9천만 달러를 투자해 제작했으며 월드와이드 수익이 3억 달러를 넘기면서 소위 대박을 쳤다. 이 애니메이션을 두고 중국 내에서 비판의 목소리가 없지 않았다. 중국의 설화를 미국인들이 저희 입맛대로 왜곡했다는 것이다.

영화 포스터의 주인공 얼굴을 자세히 보라. 중국사람 같이 보이는가? 중국의 한족처럼 보이는가? 중국에는 공식적으로 쉰여섯 개의 민족이 있으니 같은 중국사람이라 하더라도 민족 간 굉장히 다른 외모를 지녔다. 그런데도 포스터의 인물은 중국사람과 어딘가 달라 보인다. 왜 그럴까? 사실 디즈니는 이 작품을 제작하기 위해 중국 현지에서 2년간 조사를 진행했다. 2년 동안 사람 얼굴 생김새부터 건축물, 색깔, 음악 등 모든 작품 소재들의 원형을 수집했다. 하지만 최종적으로 디즈니는 뮬란의 얼굴을 아메리카 인디언 외양과 비슷하게 만들었다. 미국 관객들의 취향을 우선적으로 고려한 것이다. 중국인들이 뮬란의 생김새가 중국인과 다르다고 아무리 비난해도 디즈니에게 그건 중요하지 않다. 가장 큰 시장인 미국의 관객이 어떻게 보느냐가 더 중요하기 때문이다. 어쨌든 중국 고대 무란의 이야기는 중국이 아니

영화 〈뮬란〉의 포스터 | 이 영화 주인공의 얼굴은 한족이나 중국 소수민족보다는 오히려 아메리카 인디언에 가깝다. (출처: ⓘⓒ chaoLam.flickr)

라 미국의 애니메이션 회사를 통해 전 세계에 알려진다.

　〈뮬란〉이 나온 지 10년 만에 미국의 또 다른 애니메이션 제작사 드림웍스는 1억 3천만 달러라는 엄청난 자본을 투자해 애니메이션 영화 〈쿵푸팬더〉를 제작한다. 2008년에 상영한 이 애니메이션은 사실 2004년부터 기획됐다. 이 시기는 중국에서도 애니메이션 산업을 진흥시키기 위해 많은 노력과 자본을 투여하기 시작한 때다. 물론 목표는 중국에서 〈쿵푸팬더〉와 같은 국산 애니메이션을 제작하려는 것이었다. 〈뮬란〉이 전통 설화를 바탕으로 제작된 작품이라면 〈쿵푸팬더〉는 완전한 창작 스토리다. 소

재는 중국의 대표 상징 동물이라고 할 수 있는 판다와 중국 고유 무술 쿵후다. 동물을 소재로 썼으니 〈뮬란〉 때와 같은 비난도 피할 수 있었다. 10년 전에는 중국의 비판이 그리 중요하지 않았지만 10년 후에는 중국 시장이 주된 목표가 될 만큼 성장했으므로 섣불리 무시할 수도 없게 되었다. 결과적으로 드림웍스는 〈쿵푸팬더〉로 전 세계에서 약 5억 8천만 달러(한화 약 5천7백63억 원)의 수입을 올린다. 중국에서도 엄청난 흥행몰이를 했다.

중국에서 〈쿵푸팬더〉가 개봉했을 당시 필자는 중국에 있었는데 중국문화부 공무원이 이 애니메이션 때문에 대단히 곤혹스러워한 기억이 난다. 중국이 핵심 경쟁국으로 삼고 있는 미국이 중국을 상징하는 문화원형을 소재로 삼은 작품을 만들어 전 세계에서 대박을 쳤을 뿐만 아니라 중국 안방에서도 흥행몰이를 하고 있으니 지난 8년 간 중국 정부가 국산 애니메이션 발전을 위해 벌였던 각고의 노력이 물거품이 되는 듯한 상황이었던 모양이다. 필자는 오히려 이런 애니메이션의 기획을 한국은 할 수 없었는지 생각해봤다. 후속작 〈쿵푸팬더 2〉도 성공을 거두었는데, 이 애니메이션의 총감독이 바로 재미교포 2세인 여인영 감독이었다. 재미있는 사실이 아닐 수 없다.

중국은 왜 〈날아라 슈퍼보드〉의 수입을 금지했나

한국이 1990년부터 제작하기 시작한 〈날아라 슈퍼보드〉는 텔레비전 방송용 애니메이션이다. 중국의 사대 기서四大奇書 중 하나로 꼽히는《서유기》를 소재로 삼은 〈날아라 슈퍼보드〉는 우리나라에서 첫 방송 이후 42.8퍼센트라는 경이적인 시청률을 기록하며 많은 화제를 낳았다. 하지만 이 애니메이션은 중국에서 수입 불가 판정을 받았다. 중국 고전인《서유기》를 왜곡시킨 내용으로 청소년들이 작품을 이해하는 데 좋지 않은 영향을 받을지도 모른다는 중국 정부의 공식 입장 때문이었다. 당시 이와 관련해 중국의 애니메이션 제작자들과 이야기를 나눌 기회가 있었는데, 그들의 견해로는 자기들은 절대로 이런 애니메이션을 만들지 못한다고 했다. 중국 정부와 똑같은 논리였다. 고전을 왜곡시킬 수 없다는 것이다. 그런데 우리나라 만화가 허영만은 개의치 않고 모티브만 따와 〈날아라 슈퍼보드〉를 완성했다. 여기서 히트를 친 캐릭터가 바로 사오정이다. 귀가 어두워 상대방의 말을 잘 알아듣지 못하는 캐릭터로 한때 최고의 유행을 구가한 등장인물이기도 하다. 이런 현상은 허영만 작가의 공이며 이때 작가의 각색은 창작이라고 봐도 무방하다. 하지만 중국 작가들은 원작의 기본 시나리오를 자유롭게 바꿀 수가 없다. 자신들의 문화를 너무 잘 알고 있기 때문에 외국과 달리 그 경계를 돌파하지 못하는 것이다.

한국에서 개발한 온라인게임 〈창천〉의 소재는《삼국지》다. 〈창천〉은 2006년 중국 상하이에서 열린 게임전시회 '차이나 조이'에서 우수 게임으로 선정되었고, 2007년에는 '대한민국 게임 대상'에서 국무총리상을 수상한 작품이다. 사실《삼국지》는 게임산업에서 꽤 많이 활용되는 소재다. 아마《삼국지》를 소재로 돈을 가장 많이 번 나라는 일본일 것이다. 일본의 많은 게임들이 《삼국지》를 원형으로 삼아 개발되었다. 이렇게 보면《삼국지》는 이제 더 이상 중국만의 문화가 아닐지도 모른다. 고우영의 만화 《삼국지》를 보고 중국 만화가들이 놀라는 모습을 본 적이 있다. 그림만이 아니라 작가의 독특한 해석과 기발한 상상력이 돋보인다는 것이다.

국적 불명
콘텐츠의 미래

21세기 초 10년을 지나면서 중국은 국가 발전 방식의 새로운 전환을 모색하고 있으며, 이 과정에서 '문화'가 미래 국가 비전의 핵심 키워드로 부상했다. 그리고 이를 추진하기 위한 전략으로 '문화산업'을 국민경제의 지주 산업으로 만들겠다고 대내외에 선포한다. 이러한 전략 수립의 배경에는 앞서 설명한 문화정체성 문제와 함께 경제적 목적이 내재되어 있다. 결국 사회주의적 문화와 전통문화가 결합한 새로운 중국의 문화정체성은 과거와 같이 정부의 선전 사업을 통해서가 아니라 시장에서 수용될 수 있어야 한다는 것이 중국 정부의 인식이다.

그러나 중국의 문화산업 글로벌 경쟁력이 미약한 상황에서 오히려 미국을 위시한 글로벌 문화기업들이 중국 전통문화 소재를 활용한 콘텐츠를 개발해 시장 진입을 적극적으로 시도하고 있다. 글로벌 문화콘텐츠라는 것이 본래 '국적 불명'을 특징으로 삼고 있기도 하고, 그런 이유로 국가 간, 민족 간 장벽을 쉽게 넘을 수 있다. 그렇다고 해도 중국, 아니 중국 정부 입장에서 〈쿵푸팬더〉의 국적은 여전히 중요한 문제다. 그리고 이러한 문제는 '한류'의 지속화와 발전에 있어서도 많은 시사점을 던져준다. 앞서 언급한 바와 같이 현재 중국의 문화시장은 급속히 확대되고 있다. 가까운 미래에 미국 다음으로 큰 시장이 될 것으로 예상한다.

문화상품의 개발과 제작 능력 역시 빠른 속도로 성장하고 있다. 그리고 무엇보다 중국은 오랜 역사 속에 축적되어 있는 풍부한 문화자원을 보유하고 있으며 이러한 문화자원의 상품화에도 많은 노력을 기울이고 있다. 글로벌 문화기업들이 중국의 문화원형을 콘텐츠 창작의 소재로 적극 활용하려는 것은 이러한 중국 시장의 잠재력을 염두에 두고 있기 때문이다. 그러나 우리가 더욱 주목해야 할 부분은 중국의 문화원형을 활용한 문화콘텐츠가 비단 중국 내수시장 만이 아니라 글로벌 시장에서도 적극적으로 요구되고 있다는 점이다. 그렇다면 향후의 핵심적인 과제는 누가 중국의 문화원형을 글로벌 콘텐츠로 개발할 수 있느냐에 달려 있을 것이다. 한국의 문화기업들 역시 이러한 경쟁에 적극 참

여하기를 바란다. 굳이 콘텐츠의 국적을 따져야 한다면 그것은
콘텐츠의 소재에만 있지 않을 테니 말이다.

3장

도시로 농촌을 포위하라

대륙의 문화거점 전략

중국의 문화산업 발전은 정부 주도의 성격이 대단히 강하다. 중국 정부는 문화 영역, 특히 이데올로기 영역의 주도권을 상실하지 않겠다는 강력한 의지를 보여왔다. 신흥 산업 영역에서 정부의 정책과 지원이 산업 발전에 절대적인 영향을 미친다고 생각하기 때문이다. 중국은 지역 문화산업 발전 전략으로 대대적인 '문화산업 클러스터'를 육성해왔다. 선전, 상하이를 필두로 문화산업원구가 건립되었고, 이어서 베이징, 난징, 항저우, 쑤저우, 칭다오 등의 도시에도 문화산업원구가 건설되기 시작했다.

선택과 집중,
후발국의 불균등 발전 전략

이 장의 제목은 '도시로 농촌을 포위하라'다. 마오쩌둥의 핵심적인 중국혁명 전략, 즉 '농촌으로 도시를 포위하라'를 살짝 패러디한 것이다. 알다시피 중국의 사회주의 혁명은 마르크스주의의 혁명 이론에서 말하는 프롤레타리아 혁명이 아니라 농민이 중심이 된 혁명이었다. 이것이 바로 러시아 혁명을 모방하고자 했던 중국 공산당 초기 지도자들과 다른 마오쩌둥의 새로운 혁명 전략이었고 결국 마오쩌둥은 자신이 옳았음을 증명한다.

근대 이후 중국에서 도시와 농촌의 문제는 사회발전과 변혁에 있어서 줄곧 핵심적인 문제로 등장한다. 국민당과 공산당의 대결도 도시와 농촌의 대결로 볼 수 있고, 중화인민공화국 성립 이후 마오쩌둥 대 류샤오치劉少奇·덩샤오핑의 대결도 비슷한 측면에서 이해할 수 있다. 어쨌든 마오쩌둥이 사망하고 문화대혁명이 끝나면서 소위 개혁개방이 추진되는데, 이것이 바로 1950년대부터 류샤오치와 덩샤오핑이 주장하던 중국의 발전 방향이었다.

덩샤오핑은 중국 동부 연해 지역의 우선적인 발전을 포함한 이른바 선부론이라는 불균형 발전 전략을 채택한다. 사실 이러한 발전 전략은 비단 중국만의 특성이 아니다. 제2차 세계대전 이후 우리나라를 비롯한 후발국들은 빠른 경제성장을 추진하는 과정에서 선택과 집중, 즉 불균등 발전 전략을 취하는 특징을 보인다. 그러나 불균등 발전 전략은 초기에는 급속한 경제성장이라는 가시적 성과를 보여주지만 점차 국가 내부의 불균형 현상을 심화시켜 사회적 문제를 만들어내고 지속적인 발전 자체를 저해하는 요소로 작용한다.

중국 역시 같은 상황에 봉착한다. 개혁개방을 추진한 지 20년이 지나는 동안 중국의 동부와 서부의 격차는 더욱 커졌고, 특히 서부의 경제적 낙후는 사회적 불균등뿐만 아니라 인적·물적 자원이 동부로 유출돼 내수시장을 위축시켜 중국의 지속적인 경제 발전을 저해하는 심각한 문제로 대두된다. 사실 개혁개방 이후, 특히 21세기 중국의 놀랄 만한 경제성장 이면에 드러난 지역 간 불균형 문제는 중국 경제 구조의 취약성과 국가적 잠재 위기를 거론할 때 항상 지적되는 중요한 문제 가운데 하나다.

빠른 경제성장 뒤에 숨은 착취당한 약자

홍콩의 경제학자 딩쉐량丁學良은 개혁개방 이후 중국의 급속한 경제 발전을 가능하게 했던 '4대 자본°'의 하나로 '상대적으로 착취당한 약자'를 지목한다. 그의 연구에 따르면 이른바 '중국 모델'이 지난 20여 년간 거둔 주목할 만한 성취는 상대적으로 약한 집단·약한 지역·약한 영역에 대한 지속적인 착취 내지 수탈로 이루어졌다는 것이다. 특히 지역별로 보자면 중국의 내륙 지역은 연해 지역 발전을 위해 지속적으로 착취당했고, 연해 지역에 저렴한 노동력과 농산품 그리고 공업원료를 제공하는 경제 주변지대로 전락했다.

　　표12는 2001년 당시 중국의 동부·중부·서부의 경제 상황을 비교한 것이다. 보시다시피 중국의 동부 지역과 중·서부 지역의 격차는 대단히 심각한 수준에 와 있다. 중국 정부 역시 문제를

지역	수출액(억 달러)	비중(%)	FDI(억 달러)	비중(%)
동부	2439	91.6	403	87.1
중부	131	4.9	40	8.6
서부	91	3.4	20	4.3
합계	2661	100.0	463	100.0

[표12] 중국 동·중·서부 지역의 대외경제지표 비교 (2001년) (출처 : 중국통계연감)

인식하고 1990년대 초반부터 지역 발전을 위한 다양한 노력을 기울였다. 예컨대 1992년 중공 제14차 전국대표대회는 지역 경제의 불균형 해소를 위해 '지역 경제 협조 발전'이라는 새로운 지역개발 정책을 채택했고, 1995년 9차 5개년 계획(1996년~2000년)에서는 지역 경제 협조 발전을 위해 다섯 가지 정책 과제를 수립하기도 했으며, 2000년에는 주룽지 총리를 조장으로 하는 '서부 지역 개발 영도소조(領導小組, leading small group)°°'를 국무원에 설립하고 본격적인 서부대개발 추진을 공식 선언하기도 했다. 여기서 중국 정부가 말하는 서부대개발에 해당하는 지역은 중국 서남의 5개 성(쓰촨, 윈난, 구이저우, 시짱, 충칭)과 서북 지역의 5개 성(산시陝西, 간쑤, 칭하이, 신장, 닝샤), 그리고 네이멍구, 광시 등의 지역으로 전체 면적은 중국 총 면적의 71퍼센트, 인구는 중국 전체 인구의 30퍼센트에 해당하는 약 4억 명이다. 서부대개발 전략 목적은 중서부 지역 발전을 가속화해 시장 잠재력과 풍부한 천연자원, 노동생산성이 충분히

○ **4대 자본** 딩쉐량은 소위 '중국모델'의 성공을 가능케 했던 '4대 자본'은 ① 상대적으로 착취당한 약자, ② 환경생태의 파괴, ③ 구조적 부패, ④ 공공정책의 투명성 부족이라고 지적했다.

○○ **영도소조** 중국의 정치시스템에서 발견되는 특수한 기구로 의사협조 기구라고 할 수 있다. 일반적으로 일정 시기에 특정한 과제를 효과적으로 수행하기 위하여 설립된다. 특히 여러 부서의 협조가 필요한 사안을 두고 해당 부서의 책임자들이 각 분야에 대한 임무를 수행한다.

중국 서부대개발 해당 지역

발휘되도록 하는 것이다. 그리고 이러한 서부대개발을 추동하는 핵심 거점으로 쓰촨성의 청두와 산시성의 시안을 지정한다.

1장에서 이미 설명했듯이 후진타오 정부의 핵심적인 국정 목표가 '화해사회 건설'이었다. 여기서 '화해'가 등장한 중요한 배경에는 바로 개혁개방으로 파생된 심각한 불균형 문제가 있었던 것이다. 이 불균형을 해소해 모든 계급·계층의 이익이 '화해'를 이루는 균형 발전을 추구하겠다는 것이 바로 후진타오 정부의 목

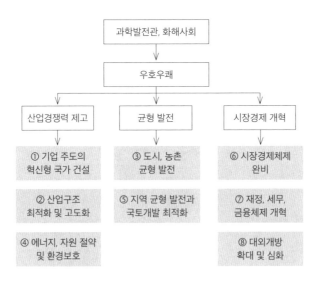

[표13] '우호우쾌'식 경제성장의 8대 과제 (출처 : 〈17차 당대회에서 나타난
중국의 경제정책 변화〉, 삼성경제연구소 China Business Focus, 2007)

표였다. 그리고 2007년 중국공산당 제17차 전국대표대회에서는
소위 '우호우쾌(又好又快, 양질의 빠른 성장)'식 전략과 이를 위한 8대 과제
를 제시한다.

　이처럼 중국은 11차 5개년 계획 기간에, 특히 2008년 글로벌
금융위기 이후 경제 발전 방식의 전환을 위해 많은 노력을 기울
인다. 특히 국가의 균형 발전을 위해 동부 연해 지역에서 중·서
부 내륙 지역으로 산업을 이전하거나 신흥산업을 육성하기도 하
고 서부대개발 외에도 동북진흥東北振興°, 중부굴기中部崛起°° 등의

연도		GDP(억 위안)				1인당 평균 GDP(억 위안)			
		서부	중부	동북	동부	서부	중부	동북	동부
2000	절대금액	16654.62	19790.98	9743.25	51020.52	4687.35	5630.91	9144.30	11364.41
	비율	1.00	1.19	0.59	3.06	1.00	1.20	1.95	2.42
2002	절대금액	20080.90	23522.42	11586.50	62830.83	5514.60	6442.56	10813.35	14270.65
	비율	1.00	1.17	0.58	3.13	1.00	1.17	1.96	2.59
2004	절대금액	27585.17	32088.30	15133.87	88433.10	7727.58	8788.67	14091.50	19636.96
	비율	1.00	1.16	0.55	3.21	1.00	1.14	1.82	2.54
2006	절대금액	39527.14	43217.98	19715.17	128593.05	10959.49	12268.58	18276.79	27567.27
	비율	1.00	1.09	0.50	3.25	1.00	1.12	1.67	2.52
2008	절대금액	58256.58	63188.03	28195.63	177579.56	16000.08	17860.17	25955.00	37212.50
	비율	1.00	1.08	0.48	3.05	1.00	1.12	1.62	2.33
2009	절대금액	66867.70	70137.30	30556.80	194670.90	18206.69	19699.83	28072.39	40186.39
	비율	1.00	1.05	0.46	2.91	1.00	1.08	1.54	2.21

[표14] 2000~2009년 중국 4대 지역 경제 발전 수준 변화 및 상황 (출처: <중국 지역 경제 발전 현황, 문제 및 추세>, 《중국의 발전 전략 전환과 권역별 경제 동향》, 대외경제정책연구원, 2011. 재인용)

○ **동북진흥** 2003년부터 도입된 동북진흥 정책은 동북3성(랴오닝성, 헤이룽장성, 지린성)의 낙후 현상을 극복하고 노후된 공업기지를 혁신하여 중국의 새로운 경제성장의 견인차로 육성한다는 전략이다.

○○ **중부굴기** 2005년 중국의 국가발전개혁위원회는 중부지역(산시山西성, 허난성, 후난성, 후베이성, 장시성, 안후이성)의 발전을 위한 5대 기본 정책을 발표했다.

연도	인구	GRDP(지역 내 총생산)	사업체수	종사자수	지방세 수입
1980	36.6%	41.0%	-	-	54%
2000	46.3%	47.7%	44.8%	48.9%	59%
2010	49.8%	48.9%	47.1%	51.4%	57%

[표15] 한국의 수도권 집중 추이 (출처 : 〈2012년 지역발전 주요통계자료집〉, 지역발전위원회, 2012)

정책도 추진한다. 물론 이러한 정책은 앞으로도 이어질 전망이다. 표14는 21세기 초 10년간 중국의 지역 경제 상황을 보여준다.

사실 이런 지역 간 불균형 문제는 우리나라에도 존재한다. 강력한 중앙집권체제를 바탕으로 '투입 위주의 성장'을 이뤄 짧은 기간 안에 농업경제를 산업경제로 전환시킨 한국은 이러한 성장의 결과로 '수도권 과밀과 지방의 저성장'이라는 극심한 불균형에 직면했다. 이에 노무현 정부가 역대 어느 정부보다도 국가균형 발전을 분명한 국정 목표로 제시하고 격차를 해소하기 위해 노력했다. 노무현 정부는 2003년에 대통령 직속으로 '국가균형발전위원회PCBND'를 설치하고 국가균형발전 7대 과제를 수립했다. 또한 '국가균형발전특별법', '신행정수도의 건설을 위한 특별조치법', '지방분권특별법' 등도 제정한다. 2004년에는 '국가균형발전5개년계획(2004년~2008년)'을 수립하고, 이 계획을 추진하는

데 약 66조 원을 투입하기로 결정한다. 그러나 표15에서 보듯이 우리나라의 수도권과 지방 간 불균형 현상은 개선되기는커녕 더욱 심화되고 있으며, 국가의 지속 가능한 발전에 여전히 심각한 장애 요인으로 작용하고 있다.

점점 벌어지는 지역 격차

지역 경제 발전과 관련해 중국의 상황을 좀 더 살펴보자. 2009년 중국 정부는 13개의 지역발전 계획을 발표한다. 지역 경제가 과학적으로 발전할 수 있도록 촉진하는 중요한 수단으로 산업구조 업그레이드, 공간구조 최적화를 추진해 지역 경제 발전을 도모하겠다는 것이 이 계획의 기본 방향이다.

13개 지역발전 계획은 크게 세 가지 내용을 핵심으로 하는데, 첫째는 지역발전을 견인할 핵심지역 발전을 추진하는 것, 둘째는 경제 발전과 생태보호를 동시에 추구하겠다는 것, 셋째는 지역 협력 강화와 대외개방을 심화한다는 것이다. 또한 2010년에는 13개 지역발전 계획과 함께 창장삼각주, 베이징·톈진·허베이 3개 지역을 일컫는 징진지京津冀 도시권 등 3대 지역발전 계획을 추진해 중앙정부 주도의 지역발전 계획을 도시 간 협력 발전으로 가속화했다.

2013년 중국 경제 발전 전략의 최대 화두는 '도시화'였다. 중국의 신지도부는 도시화를 미래 신성장 동력이자 내수 확대의 최대 잠재적 원천으로 규정했다. 내수 확대는 이미 말했듯 산업 구조의 재편과도 연결된다. 리커창 총리는 "중국의 향후 수십 년의 성장 잠재력은 도시화에 있다"라고 밝혔다.

시진핑 지도부는 여전히 미완의 과제로 남은 계층·도농·지역 격차라는 3대 사회문제를 시급히 해결해야 한다. 중국에서 상위 10퍼센트와 하위 10퍼센트 간 소득 격차는 1988년 7.3배였던 것이 2010년에는 23배로 증가했다. 국가 균형 발전 전략으로 지역 격차가 점차 해소되고 있지만 동부 지역과 중서부 지역 간 평균 1인당 GDP는 여전히 두 배 이상 차이가 난다. 이러한 격차는 심각한 사회문제를 불러일으키면서 사회 불안을 더욱 증대시키고 있다. 통계를 보면, 중국에서 발생한 집단 소요 사건이 2002년에 5만 4천 건이었는데 2006년에는 9만 5천 건, 2011년에는 18만 건으로 폭증한다. 물론 이것이 단지 중국의 지역 격차 때문은 아니다. 그러나 지역적·계층적 격차가 사회 불안 요소로 급부상하는 점은 현재 중국이 직면한 핵심 문제 중 하나다.

문화산업, 지역 발전의
대안으로 떠오르다

지역 발전과 문화산업 사이에는 어떤 관계가 있을까? 한국콘텐츠진흥원에서 발간한 보고서 〈문화산업 클러스터 지형도 작성을 통한 지역문화산업 육성방안〉에 따르면, 국가 균형 발전의 측면에서 문화산업이 주목을 받는 이유는 다음과 같은 네 가지 특징에서 비롯된다고 한다.

첫 번째 이유는 문화산업이 지역 경제 발전에 영향을 준다는 점이다. 문화산업은 문화적·경제적 파급 효과가 매우 큰 산업이며, 문화산업 자체의 성장으로 인한 고용 창출 효과뿐 아니라 문화상품 개발의 원천이 되는 문화·예술 활동의 활성화, 그리고 기타 산업의 문화화를 가져와 간접적인 고용 유발 및 창업 효과가 크기 때문에 지역 경제 발전에 도움을 준다. 둘째는 문화산업의 중심 활동이 '창작'이기 때문에 제조업에 비해 상대적으로 산업 기반을 형성하기 쉽고, 지역의 차별화된 문화 자산이 문화산업 발전을 위한 주요한 자원으로 활용될 수 있다는 점이다. 셋째, 문화산업은 지역의 정체성 확립에 기여할 수 있고, 이미지와 브랜딩 효과를 증진시킬 수 있기 때문에 지역의 장기적 이익에 공헌할 수 있다는 것이다. 마지막으로 지역문화산업의 활성화는 직접적인 경제 가치 이외에도 지역 간 균형 발전, 문화콘텐츠 복지, 예술 발전, 창의성 증진, 문화다원성과 정체성 등 다양한 요소들을 동반 발전시킬 수 있다는 사실이다.

물론 지방에서 문화산업이 성공하기란 쉽지 않다. 무엇보다 문화산업은 대도시 지향이라는 특징을 지닌다. 문화산업의 대도시 집중 성향은 모든 세부 업종에서 나타나는 현상이지만 특히 음반, 영화, 방송, 영상광고, 온라인 콘텐츠 등의 분야에서 두드러진다. 문화산업은 시장을 중심으로 발전하므로 시장이 큰 지역에서 발전하는 것은 지극히 당연하다. 또 문화산업의 가치사슬 내에서 핵심적인 역할을 하는 주체들, 특히 전문 인력들의 이합집산이 끊임없이 이루어지는 콘텐츠 제작 과정에서 대도시는 좋은 인프라를 제공하는데 이러한 점 역시 문화산업이 대도시를 선호하는 원인이 된다.

문화산업 균형 발전의 대안으로 떠오른 클러스터

국가의 균형 발전을 위해서 문화산업을 활용하는 것은 두 가지 목적, 즉 문화산업을 통해 지역 발전을 도모한다는 목적과 문화산업 자체가 발전할 수 있어야 한다는 목적을 동시에 충족시켜야 한다. 그리고 이러한 목적을 실현하려는 일환으로 예컨대 한국 정부는 '문화산업 클러스터'를 구축하려 노력한다. 여기서 '클러스터'란 산업을 중심으로 기업·대학·연구소·기업 지원기관이 공간적으로 집적되고 기능적으로 연계된 집합체를 말한다. 사실 중국 정부도 유사한 전략을 수립하고 추진한다. 한국과 중국의 문화산업 클러스터 구축과 성공·실패 사례를 살펴보는 것은 후발국에서 문화산업을 진흥시키기 위한 정부의 정책을 이해하는 데 중요한 연구 과제다.

중국의 문화산업 클러스터의 특징을 이해하기 위해 한국의 문화산업 클러스터 개념을 먼저 살펴보자. 여기서는 연구자들의 논의가 아니라 정부의 관점을 분석해본다. 2006년에 개정된 〈문화산업진흥기본법〉에 근거하면 한국에서 문화산업 클러스터는 세 가지 하위 형태로 나타난다. 문화산업단지, 문화산업진흥지구, 문화산업진흥시설이 그것이다. 2011년 기준으로 우리나라에는 문화산업단지 2개, 문화산업진흥지구 9개, 문화산업진흥시설 2개가 지정·운영되고 있다. 표16은 이들 클러스터를 비교한 것

구분	문화산업단지	문화산업진흥지구	문화산업진흥시설
개념	기업, 대학, 연구소, 개인 등이 함께 문화산업과 관련한 연구개발, 기술훈련, 정보교류, 공동제작할 수 있도록 조성한 토지·건물·시설의 집합체로 산업입지 및 개발에 관한 법률에 따라 지정·개발된 산업단지	문화산업 관련기업 및 대학, 연구소 등의 밀집도가 다른 지역보다 높은 지역으로 집적화를 통한 문화산업 관련기업 및 대학, 연구소 등의 영업활동·연구개발·인력양성·공동제작 등을 장려하고 이를 촉진하기 위해 지정된 지역	문화산업 관련 사업자와 그 지원시설 등을 집단적으로 유치함으로써 문화산업 관련 사업자의 활동을 지원하기 위한 시설
법적 근거	문화산업진흥기본법 제24조(1999.2.8.)	문화산업진흥기본법 제28조의 2(2006.4.28.)	문화산업진흥기본법 제21조(2002.1.26.)
혜택	각종 부담금 면제(대체산림자원 조성비, 농지보전부담금 등 5종), 각종 인·허가 혜택(공공하수도 공사 시행, 하천·도로공사 시행 및 점용 등 34종), 세제혜택(취득세, 등록세 면제 재산세 50퍼센트 면제 등).	각종 부담금 면제(대체산림자원 조성비 등 4종), 각종 인·허가 혜택(공공하수도 공사시행, 하천·도로공사 시행 및 점용 등 9종).	각종 부담금 면제(개발부담금, 과밀부담금 등 7종), 세제 혜택(취득세, 등록세 면제, 재산세 50퍼센트 면제 등).
지정 현황	총 2곳 청주(2002.3.) 춘천(2008.1.)	총 9곳 부산, 대구, 대전, 부천, 전주, 천안, 제주(2008.2.29.) 인천, 고양(2008.12.2.)	총 2곳 상암동 문화콘텐츠 센터 (2007.3.12.) 한국만화영상진흥원 (2011.6.28.)
개념 상세 비교	인위적으로 단지에 업체, 연구소, 대학 등을 집적하기 때문에 비용이 많이 들고 사업 완성까지 장기간 소요	인위적인 집합체가 아닌 기존에 형성되어 있는 일정지역을 선정하여 집중지원함으로써 사업의 완성도를 높일 수 있음	벤처기업 집적시설로 지정되어 벤처기업이 정책적 지원을 받을 수 있어 중소업체들의 자생력 확보
기타	부산, 대구, 대전, 부천, 전주는 단지지정 협의단계에서 진흥지구로 전환		

[표16] 한국 문화산업 클러스터의 하위영역 비교

(출처 : 〈2011년 지역문화산업 클러스터 실태조사〉, 한국콘텐츠진흥원, 2011)

이다.

　중국에서도 문화산업 클러스터를 둘러싼 논의는 문화산업
진흥정책을 추진하기 시작하면서부터 진행된다. 물론 그 개념에
대한 정의는 학자나 지역에 따라 다소 차이가 있지만 대체로 서
구의 개념을 많이 차용하고 있다. 예컨대 베이징은 문화산업 클
러스터 사업을 책임지는 기구로 '베이징 시 발전과 개혁위원회'
를 두고 있는데 여기서는 문화산업 클러스터를 '일정 수량의 문
화창의기업이 모여서 일정한 산업 규모와 자주적 창의개발 능력
을 구비하고, 전문적인 서비스 기구와 공공서비스 플랫폼을 지니
며, 상응하는 기초설비(인프라)와 공공서비스 공간을 제공하는 것'
이라고 정의한다.

사회주의식
문화산업 전략

중국의 중앙정부나 지방정부 모두 지역 문화산업 발전 전략은 주로 지역의 '문화산업 클러스터'를 중심으로 추진한다. 중국의 정책 문건을 살펴보면 중국 정부가 문화산업 클러스터를 육성하려는 목적이 크게 세 가지로 요약되는데, 첫째는 클러스터가 문화산업의 인큐베이터 역할을 하도록 하는 것, 둘째는 클러스터를 통해 각종 자원의 합리적 배치와 산업 간 분업을 촉진하도록 하는 것, 셋째는 클러스터를 통해 문화산업의 규모화·집약화·전문화 수준을 향상시키고자 하는 것이다.

중국에서 이런 문화산업 클러스터는 다양한 형태와 명칭으로 나타나며 대체로 다음과 같은 세 가지 형태로 정리할 수 있다. 첫째는 '문화산업벨트'로 창장삼각주, 주장삼각주, 환보하이, 윈난, 곤곡, 징진기 등의 지역이 여기에 속한다. 두 번째는 '문화산

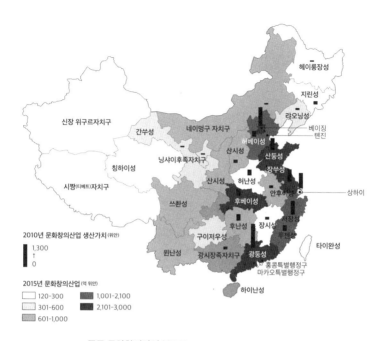

중국 문화창의산업 분포도 (출처: 《중국 문화창의산업지도 백서》, 2011)

업원구'인데 이때 '원구園區'는 일반적으로 '파크park'라고 해석할 수 있다. '문화산업원구'는 정부의 계획으로 형성돼 문화산업을 주도산업으로 삼고 관련 관리시스템, 공공서비스 설비를 갖춰 연구개발, 교육, 인큐베이터, 제작, 전시, 교역 등의 기능을 수행한다. 다시 말해 창의 상품의 기획, 생산, 판매를 진행하는 전문 클러스터다. 세 번째로 '문화산업기지'라고 명명한 클러스터는 핵심기업의 선도 효과에 기대 지역 문화산업의 분업과 집적을 견인함으로써 문화산업의 성장을 추진하는 것이다. 중국은 사회주의 경험 때문에 국유화 기업들이 많다. 이들에게 집중적으로 지원하는 방식이거나 일반기업으로 독립시켜 지원하는 방법으로 국가문화산업실험기지, 국가동만게임산업진흥기지, 국가문화산업창신과 발전연구기지, 국가동만산업기지, 국가온라인게임동만산업발전기지 등이 있다. '동만'이란 애니메이션과 만화를 같이 부르는 중국식 표현이다. 이 기지에는 게임산업도 포함된다.

이러한 문화산업 클러스터는 중국의 중앙정부가 지정해 지원하기도 하고, 성정부나 시정부 차원에서 지정하기도 한다. 중국이 워낙 넓다보니 이렇게 지정된 클러스터의 수도 대단히 많다. 공식적으로 파악된 수는 없으나 중국문화부 고위 관료의 말에 따르면 약 3천여 개의 문화 클러스터가 중국 전역에 분포해 있다고 한다. 또한 문화산업의 하위 장르를 관장하는 중앙 부처도 최근까지 문화부, 국가광파전시전영총국(방송과 영화 관장), 국가신문출판총서 등 3개가 있었고, 각 부처마다 지정한 문화산업 클러스터가 있다. 광전총국과 신문출판총서는 2013년 통합해 '국가신문출판광전총국'이 되었다.

중국 대륙에 분 문화산업 클러스터 열풍

표17은 2010년에 중국문화부가 비준한 클러스터다. 4개 형태로 총 153개의 클러스터가 구축되어 있다. 물론 중국문화부의 클러스터 비준은 지금까지 계속 이어지고 있으니 그 숫자는 훨씬 증가했을 것이다.

시기적으로 2004년은 중국에서 문화산업 클러스터 건설의 열풍이 불기 시작한 해다. 선전, 상하이를 필두로 문화산업원구가 건립되었고, 이어서 베이징, 난징, 항저우, 쑤저우, 칭다오 등의 도시에도 문화산업원구가 건설되기 시작한다. 같은 해 11월 중국문화부는 처음으로 '국가문화산업시범기지'에 대한 심의를 전개해 42개 기업을 문화산업시범기지로 선정한다. 그리고 2006년에 중국문화부는 문화산업시범기지 선정에 관한 법규를 발표하고, 공연업, 영상업, 음반업, 문화오락업, 문화관광업, 인터넷문화업, 도서간행물업, 문물과 예술품업, 예술학원업 등 각 분야의 문화기업 모두 문화산업시범기지로 신청할 수 있도록 한다. 이에 따라 2006년에 중국문화부는 33개 기업과 산업원을 2차 '국가문화산업시범기지'로 지정한다.

국가문화산업시범기지는 다양한 분야의 기업들을 포괄하고 있다. 이 기업들의 성격과 위상, 분야는 매우 다양하다. 전국에 분포되어 있는 개별 기지들은 시범적이고 실험적인 성격이 대단

명 칭	현 황
국가문화 산업시범기지 (총 134개)	1차(2004년): 42개 2차(2006년): 33개 3차(2008년): 59개
국가급 문화산업시범원구 (총 4개)	1차(2006년): 2개 2차(2008년): 2개
국가동만게임산업 진흥기지 (총 5개)	국가동만게임산업(상하이)진흥기지(2004년) 국가동만게임산업(쓰촨)진흥기지(2005년) 국가동만게임산업(다롄)진흥기지(2005년) 국가동만게임산업(후난)진흥기지(2006년) 국가동만게임산업(우시)진흥기지(2007년)
연구기지(총 10개)	상하이교통대학 국가문화산업창신및발전연구기지(1999년) 베이징대학 국가문화산업창신및발전연구기지(2002년) 중국전매대학 국가대외문화무역이론연구기지(2005년) 선전특구문화연구센터 국가대외문화무역이론연구기지(2005년) 칭화대학 국가문화산업연구센터(2006년) 난징대학 국가문화산업연구센터(2006년) 난징항공항천대학 국가문화산업연구센터(2006년) 중국해양대학 국가문화산업연구센터(2006년) 화중사범대학 국가문화산업연구센터(2006년) 윈난대학 국가문화산업연구센터(2006년)

[표17] 중국문화부 비준 문화산업 클러스터 현황

히 강하다. 특히 중국대외문화그룹는 2004년에 중국문화부가 산하의 국유기업과 기관을 통폐합해 새롭게 출범시킨 회사로 주로 중국 공연문화, 특히 중국의 전통문화를 해외에 소개하는 역할을 맡고 있다.

국가급 문화산업시범원구 가운데에는 산둥성 취푸가 공자의 고향이자 전통적 문화의 상징으로 주목할 만하다. 이곳은 지역의 전통문화 자원을 기반 삼아 문화산업의 발전을 모색한다. 특히 산둥성은 우리나라 기업들이 가장 많이 진출해 있는 지역이기도 하고, 근대 이후 형성된 한국 화교들의 고향이기도 하다. 이처럼 한국과는 지리적으로나 역사적으로 가장 밀접한 관계를 갖고 있으므로 우리가 특별히 관심을 갖고 살펴보아야 할 지역이다.

국가동만게임산업진흥기지는 이름 그대로 애니메이션, 만화, 캐릭터, 게임산업을 집중적으로 육성하기 위한 클러스터다. 문화산업의 여러 장르 가운데 동만과 게임산업은 하이테크 기술과 결합된 산업으로 중국 정부가 핵심 육성 산업으로 지원하고 있는 분야다.

중국 정부의 문화산업 개입, 월권인가

정부 주도의 클러스터 진행 과정에서 잡음이 있기도 했다. 중국문화부에서 각 분야의 클러스터를 비준하고 지원 정책을 추진하자 국가광파전시전영총국과 국가신문출판총서가 강력하게 반발한 것이다. 이들은 중국문화부가 월권을 휘둘렀다고 주장했는데 사실 괜한 억지는 아니다. 예컨대 애니메이션은 영화, 방송, 인터넷 등 매체를 통해 구현되는데 중국에서 영화와 방송을 전담하는 부서는 국가광파전시전영총국이고 인터넷 경영을 담당하는 주무부서는 문화부다. 그렇다면 애니메이션 한 편이 텔레비전에서 방영되면서 인터넷에서도 동영상 서비스를 한다면 도대체 어떤 부서의 관리와 책임하에 있다고 할 수 있을까?

온라인게임도 마찬가지다. 온라인게임은 인터넷을 통해 구현되므로 문화부 소관이라고 볼 수 있지만 중국에서 온라인게임은 우선 CD 형태로 출시된다. 따라서 이때 온라인게임은 전자출판물에 해당하고 국가신문출판총서의 관할이기도 하다. 신문출판총서가 발급하는 이른바 '판호'를 받지 못하면 출시할 수 없기 때문이다. 이러한 상황은 멀티미디어를 다양하게 활용하는 문화산업 자체의 특성 때문으로, 전통적인 문화 구분에 따른 정부 조직이 새롭게 등장하는 산업 추세를 반영하지 못한 결과라 볼 수 있다. 여기에 부처 간 경쟁이 불을 지피기까지 했다. 또 중국의 현행 법규에 따라 이러한 콘텐츠를 제작하거나 방영하기 전에 허가를 받아야 한다는 점도 문제다. 다시 말해 애니메이션이 제작·방영되기 위해서는 사전에 제작허가증을 받아야 하고, 제작이 완료된 다음에는 다시 방영허가증을 받아야 한다. 이러한 시스템에서 그 부담은 전적으로 해당 기업이 감당해야 한다. 결국 국무원이 나서서 세 부서의 역할을 새롭게 규정하게 된다. 이제 중국에서 애니메이션과 게임은 모두 문화부 소관이 되었다.

이처럼 중국의 문화산업 발전은 정부 주도의 성격이 대단히 강하다. 문화 영역, 특히 이데올로기 영역의 주도권을 상실하지 않겠다는 중국 정부의 강력한 의지가 있기도 하지만 신흥 산업 영역에서 정부의 정책과 지원은 산업 발전에 절대적인 영향을 미치기 때문이다. 더구나 문화산업은 대부분 미디어 분야와 연관이 있고, 이 영역에서 중국 정부의 정책은 상당히 엄격하게 시행되고 있다. 따라서 문화산업 발전에서 중국 정부의 관리가 얼마나 분명하고 투명하며 공정한지가 핵심 과제라 할 수 있다. 여기에는 정부의 기능과 역할에 대한 조정도 빼놓을 수 없다. 지난 10여 년간 중국 정부는 이 부분에 관해 쉽지 않은 개혁 작업을 지속해왔고 그 결과 현재는 많은 부분이 안정 궤도에 진입했다고 볼 수 있다.

전문 인력을 키워야 문화가 산다

우리가 주목해야 할 또 한 가지는 중국 정부가 문화산업기지를 구축하면서 특별히 연구기지를 지정해 문화산업 각 분야에 대한 전문적인 연구와 인력 양성을 추진했다는 점이다. 중국문화부는 1999년 상해교통대학에 국가급 문화산업연구기지를 구축한 이래 '국가문화산업창신및발전연구기지' 2곳(상하이교통대학, 베이징대학), '국가대외문화무역이론연구기지' 2곳(중국전매대학, 선전특구문화연구센터), 그리고 '국가문화산업연구센터' 6곳(칭화대학, 난징대학, 난징항공항천대학, 중국해양대학, 화중사범대학, 윈난대학)을 구축한다.

중국문화부와 달리 광전총국이 비준한 문화산업 클러스터는 '국가동화산업기지' 한 종류로 특화되어 있다. 즉 애니메이션 산업만을 전문으로 한다. 이미 언급했지만 2004년 중국문화부가 '국가동만게임산업진흥기지' 1곳을 비준하자 같은 해 광전총국은 무려 9곳의 '국가동화산업기지'를 비준한다. 2005년 3월에 문화부가 쓰촨성에 1곳에 더 비준을 내려주자 광전총국은 5월에 '국가동화산업기지' 10곳을 비준해버린다. 2007년 3차 비준을 더해 광전총국은 모두 23곳의 기지를 비준하는데 여기에는 '교학연구기지' 6곳도 포함되어 있다. 광전총국이 지정한 교학연구기지는 연구보다는 애니메이션 전문 인력을 양성하는 데 주된 목적이 있다. 북경전영학원을 비롯해 중국전매대학, 중국미술학원, 지린예술학원, 저장대학, 저장전매대학 등이 교학연구기지로 선정되어 애니메이터를 전문적으로 양성하고 있다.

국가신문출판총서는 전국을 동서남북으로 나눠 거점 지역에 문화산업 클러스터 비준을 전략적으로 안배하고 있다. 이른바 '국가온라인게임·동만산업발전기지'인데, 쓰촨(서부), 광둥(남부), 상하이(동부), 베이징(북부)에 비준을 내렸다. 다시 말해 중국의 대표적인 전략적 지역 경제권, 즉 창장삼각주의 상하이, 주장삼각주의 광저우, 환보하이 경제권의 베이징, 서부대개발의 청두를 클러스터로 비준했다. 또한 이 4곳의 기지 모두 온라인게임을 주력 산업으로 하고 있다. 이것은 중국 정부가 중국의 전 지역을 권역별로 구분하고, 그 권역별 핵심 거점을 중심으로 문화산업의 파급력을 확산시키는 전략을 구상했다는 것을 말해준다.

문화산업으로 지역의 가능성을 끌어내다

이렇듯 지역의 문화산업 발전을 위해 중국 정부는 중국 전역을 지역별 상황과 특성에 맞게 분할하고, 지역의 각종 자원을 집중시키는 클러스터 전략을 구사하고 있다. 예컨대 경제가 발달한 동부 지역과 상대적으로 낙후된 중서부 지역을 구별하고, 첨단 기술과 연관된 문화산업은 동부에, 전통문화자원과 관련된 문화산업은 중서부 지역에 집중 배치하고 있는 것이다. 물론 이런 배치가 절대적인 것은 아니다. 특히 권역별 거점 도시들의 발전 전략을 살펴보면 얼핏 대동소이하게 보이기도 한다. 그러나 알다시피 중국은 국토 면적이 대단히 넓고 인구도 많다. 권역별 면적과 시장 규모가 웬만한 국가보다 크다.

중국 정부의 입장에서 보면 핵심 거점 도시들의 전략들이 대동소이해도 크게 문제되지 않는다. 권역 시장이 충분히 감당할 수 있다는 판단인 것이다. 더구나 도시별로 경쟁하면 일부 낭비는 있겠지만 그 성과는 더 클지도 모른다. 중앙정부의 지원을 공평하게 분배하려는 정치적 고려도 감안했다고 볼 수 있다. 중국 정부의 문화산업 클러스터 구축 전략은 많은 문제점에도 불구하고 지역별로 문화산업을 이슈화시키고 산업을 안착시켰다는 측면에서 큰 성과가 있었다고 평가할 수 있다.

중국 최대 경제권,
창장삼각주

이제 중국의 주요 권역별 문화산업 발전이 어떻게 이루어졌는지 알아보자. 먼저 창장長江삼각주 지역을 살펴본다. 창장삼각주란 중국 대륙을 가로로 가로질러 상하이로 빠져나가는 중국 최대 길이의 강, 창장의 연안 삼각주 지역을 가리킨다. 주요 도시로는 상하이시와 장쑤성의 8개 도시, 저장성의 7개 도시를 포함한다. 여기에 2008년 후진타오 주석이 안후이성을 시찰하면서 안후이성을 포함해 '범 창장삼각주'라는 개념이 사용된다.

중국 최대의 경제권인 이곳은 막강한 경제력을 바탕으로 문화산업의 핵심 지역으로 발전한다. 중국에서 경제력 평가 상위 35개 도시 가운데 10개 도시가 창장삼각주에 해당하며, 모든 도시가 중진국 이상의 경제 시스템과 문화상품 구매력을 보유하고 있다. 또한 이 지역은 중국의 대표적인 국제화 도시가 밀집해 있

창장삼각주 지역

기도 하다. 세계 상위 500대 기업 중에서 약 400여 개 기업이 이 지역에 진출해 있고, 상하이만 하더라도 해외 투자기업이 약 3만 여 개에 이른다. 이뿐만 아니라 이 지역은 전통적으로도 중국 강 남문화의 산실이었다. 오吳나라와 월越나라의 고유한 전통을 지니 고 있으며, 현대적 의미의 대중문화 역시 상하이를 중심으로 꽃 피었다.

이 지역의 핵심은 상하이다. 상하이는 11차 5개년 계획 기간(2006년~2010년)에 맞춰 〈상하이 창의산업 115 발전계획〉을 발표한다. 상하이의 문화산업 진흥전략은 크게 세 가지로 요약할 수 있다. 첫째, 글로벌 대도시로 발돋움해 세계적으로 통용되는 현대 문화서비스 산업시스템을 구축하고 둘째, 창장삼각주 도시군에서 현대 문화서비스 산업권의 핵심으로 자리매김하며 셋째, 2010년 상하이엑스포의 성공적 개최와 이에 기반한 전시컨벤션, 미디어, 문화정보, 문화제조, 문화관광, 예술서비스, 엔터테인먼트, 문화중개서비스업을 중점적으로 발전시킨다는 것이다. 앞서 언급한 바와 같이 중국 중앙정부인 문화부, 광전총국, 신문출판총서 역시 상하이에 총 12곳의 문화산업 클러스터를 비준해주었다. 베이징(16개) 다음으로 가장 많은 국가급 문화산업 클러스터가 있는 도시인 것이다.

중앙정부와는 별도로 상하이 시정부는 2005년부터 '창의산업 클러스터'라는 이름으로 총 75개 단위에 비준을 내려주었다. 대표적으로 옛 공장 골목이었다가 문화거리로 변모한 텐즈팡에는 갤러리, 디자인실, 스튜디오, 공연센터 등 100여 개의 창의산업 기업들이 입주해 있다. 광전총국이 중국 애니메이션 진흥을 위해 비준한 제1호 동만기지도 바로 '상해미술영화제작소'다.

상하이에서 1시간, 훌륭한 인프라를 보유한 장쑤성

창장삼각주 지역 가운데 장쑤성은 인구가 약 7천5백만 명 정도이고 쑤저우, 우시, 난징 등이 대표 도시이다. 이곳에서는 1996년에 전국에서 가장 먼저 '문화대성'을 건설하자는 문화발전 전략을 발표하기도 했다. 또 2001년에는 〈장쑤성 2001년~2010년 문화대성 건설계획 요강〉을 발표한다. 꽤 일찍부터 문화를 지역발전의 핵심 전략으로 설정한 것이다.

장쑤성의 주요 도시에는 국가급 문화산업기지가 14개나 건설되어 있다. 그 가운데 대표적인 기지 몇 개만 살펴보자. 우선 쑤저우에 구축된 '쑤저우공업원구 창의산업원'이 있다. '쑤저우공업원구'는 1990년대 초 싱가포르 정부와 직접 합작해 세운 산업기지로 중국 내 가장 성공적인 산업기지 중 하나로 꼽힌다. 우리나라 삼성전자도 그곳에 공장을 두고 있다. 그런데 쑤저우공업원구는 21세기에 들어서면서 심각한 위기의식을 느낀다. 새로운 산업구조 개편이 과제로 떠오른 것이다. 이때 그들이 관심을 기울인 것이 바로 문화산업이다.

쑤저우는 싱가포르와 성공적인 합작으로 산업기지를 세운 후 문화산업에서는 한국과 합작하기를 희망했다. 제대로 진행되지는 않았지만 이 일을 계기로 필자 역시 쑤저우를 여러 번 방문했다. 최근에 고속전철이 개통되면서 상하이에서 한 시간 이내면

쑤저우에 도착할 수 있다. 이처럼 쑤저우는 대단히 훌륭한 인프라를 보유하고 있으므로 문화산업 영역에서도 좋은 성과를 낼 것으로 큰 기대를 모으는 도시다. 이밖에 우시에 구축된 '타이후디지털동화영상창업원'이나 창저우에 구축된 '국가동화산업기지', 그리고 난징에 구축된 '난징소프트웨어파크' 등도 중요한 문화산업 클러스터 중 하나다.

동만 산업의 허브, 저장성

창장삼각주의 또 다른 지역은 저장성이다. 약 5천만 명의 인구에 전국 4위의 경제력을 보유하고 있는 지역인 저장성의 11차 5개년 계획은, 2010년까지 저장성 문화산업 비중이 지역 생산 총액의 7퍼센트에 도달하도록 하고, 도시 주민의 일인당 문화소비 지출이 총 소비 지출의 15퍼센트에 이르도록 한다는 것이다. 특히 영화, 엔터테인먼트, 문화 하이테크산업을 중점적으로 지원할 것이라 밝혔다. 2010년까지 성 전체 영화관의 디지털화 및 현대화 시설의 체인망을 구축하고 멀티플렉스 상영관 수를 50개 이상으로 확대할 계획도 세웠다. 저장성의 핵심 도시는 항저우로 2008년 〈포브스〉는 중국의 최고 비즈니스 도시로 항저우를 선정하기도 했다. 항저우는 중국에서 부동산 가격이 가장 높은 도시이기도 하며, 2004년부터 '동만 도시'를 대내외에 표방하고 중국에서 가장 영향력 있는 중국국제동만페스티벌을 개최하고 있다. 항저우에 만 '국가동화산업기지'가 4개나 건설되어 있는데 그 가운데 3개 가 교학연구기지다.

창장삼각주는 중국에서 가장 부유한 지역이자 현대적 의미 의 도시가 가장 많이 발달한 지역이다. 동시에 중국 전통문화, 특 히 강남문화의 산실이기도 하다. 따라서 이 지역의 문화산업 발 전 전략은 전통적인 문화자원과 첨단기술을 최대한 융합하는 방 식으로 추진되었다. 물론 풍부한 시장과 자본, 그리고 수준 높은 인적 자원 역시 든든한 배경이 되어주고 있다. 이런 의미에서 창 장삼각주는 경제 발전 못지않게 문화산업 영역에서도 가장 괄목 할 만한 성장을 보여주는 지역이라 할 수 있다.

중심에서 주변으로 뻗어나간 문화산업

창장삼각주 지역에서 주목할 것은 상하이, 항저우, 쑤저우 등 대 도시를 중심으로 주변의 중소 도시 및 농촌에 이르기까지 문화산 업과 관련한 연계 고리가 훌륭히 형성되어 있다는 점이다. 다시 말해 창장삼각주라는 권역 내에서 중심과 주변의 연계가 문화를 매개로 새롭게 구축되고 있는 것이다. 예컨대 헝디엔에 구축된 영상테마파크 같은 것이 좋은 사례다.

헝디엔은 저장성 둥양시에 소속된 작은 농촌마을로 기차도, 비행기도 다니지 않아 교통이 대단히 불편해 많은 전문가들이 문화관광사업을 진행하기에 적합하지 않다고 판단한 곳이다. 그런데 1995년 중국의 유명한 영화감독인 씨에진謝晉이 영화 〈아편전쟁〉을 준비하면서 마땅한 촬영지를 찾지 못한다는 소식을 듣고 헝디엔의 향진기업인 '헝디엔그룹'이 감독을 찾아가 합작을 제안한다. 이것을 계기로 구축된 '헝디엔 영상테마파크'는 현재 중국 최대의 영상물 촬영기지이자 5A급 관광지(중국 정부가 비준한 국가급 관광지 중 가장 높은 등급), 중국 유일의 '국가급영상산업실험구'다. 사실 헝디엔의 성공은 주변에 상하이, 항저우 등 대도시가 없었다면 불가능했을 것이다.

장쑤성의 창저우도 주변의 대도시와 연계해 문화산업을 발전시킨 사례로 꼽을 수 있다. 상하이에서 난징으로 이어지는 고속철도가 건설되면서 철도가 지나는 중간에 있는 도시들, 예컨대 쑤저우, 우시, 창저우 등은 모두 문화산업을 지역발전의 핵심 전략으로 채택했고 작지 않은 성공을 거둔다. 특히 창저우는 상하이, 항저우와의 연계를 통한 시너지 효과를 염두에 두고 애니메이션 산업기지를 구축했다. 현재는 중국문화부가 '국가디지털엔터테인먼트시범기지'로 지정했고, 약 8만 제곱미터의 부지에 애니메이션 제작, 디지털 엔터테인먼트 산업, 인재 양성, 부가상품 개발 및 저작권 교역 등의 서비스를 제공하고 있으며, 국내외 400여 개 기업이 입주해 있다.

　　과거에 이들 지역은 상하이, 항저우, 난징 등 대도시 주변에 위치한 탓에 별다른 발전 기회를 찾지 못했다. 오히려 지역의 우수한 자원이 대부분 대도시로 이동해갔다. 지역발전의 측면에서 이들 지역 주변에 대도시가 있는 것은 좋은 조건이 아니었다. 그러나 이제는 아니다. 과거에는 주변 지역이 중심 지역만 바라보고 있었다면, 이제는 중심 지역과 주변 지역이 상호 간 필요성을 인식해, 주변 지역 역시 중심 지역의 자본과 기술을 적극적으로 유인하고 있다. 이처럼 지역 자원을 활용한 문화산업의 발전 측면에서는 주변에 대도시가 존재하는 지리적 여건이 오히려 장점이 될 수도 있다.

대륙의 문화산업 플랫폼,
주장삼각주

다음으로 주장珠江삼각주 지역을 살펴보자. 주장삼각주란 광둥성 중부를 흐르는 주장이 남해로 들어가는 어귀의 삼각주를 의미하며, 이 충적 평야지대에 경제적으로 발달된 도시군을 주장삼각주 경제권이라고 한다. 이곳이야말로 개혁개방의 시작이며 상징이고 최대 수혜지역이기도 하다. 인구는 약 1억 1천3백만 명 정도고 GDP 규모 역시 전국 1위를 달리고 있다. 사실 이 지역은 전통적으로도 무역항으로 유명했다. 명나라 때에는 해상 실크로드의 기착지였고 청나라 때에는 유일한 교역항이기도 했다. 주장삼각주는 광둥성 1개 성을 지칭하지만 그 경제적 파급력은 주변 7개 성까지 미친다.

현대적인 의미의 문화산업, 곧 대중문화는 개혁개방을 통해 홍콩에서 유입되어, 선전과 광저우를 지나 대륙으로 전파된다.

다시 말해 외래 대중문화가 중국으로 유입되는 과정을 추적해보면 주로 홍콩을 창구로 광둥성에 전파된 후 상하이 지역으로 넘어가 베이징으로 북상하는 경로를 따르는 것이다. 이처럼 광둥성은 오랫동안 대중문화, 유행, 문화산업의 선도자 역할을 했다. 중국에서 신新만화°가 탄생한 곳도 이곳 광둥성이고, 애니메이션 하청OEM이 처음 시작된 곳이기도 하며, 중국 내 가장 많은 캐릭터 파생상품을 제작하는 곳이기도 하다. 주요 도시는 광저우와 선전이다.

광저우는 광둥성의 성도로 인구 1천3백만 명의 대도시다. 문화산업 분야를 보더라도 창작 애니메이션 생산 전국 2위, 온라인게임 생산액도 전국의 30퍼센트 정도를 차지한다. 2005년에는 홍콩의 갑부인 리자청李嘉誠이 광저우에 20억 위안(한화 약 4천억 원)을 투자해 '광저우국제완구성'을 건설한 것이 화제가 되었다. 약 2만 개의 상점이 입주할 수 있는 이 완구성은 완구를 중심으로 각종 파생상품을 위한 상설 전시장으로 구성되어 있으며, 2기 공사를 통해 동만을 주제로 한 테마파크, 연구개발센터 등이 건설

○ **신만화** 1993년 창간한 만화잡지 〈화서대왕畵書大王〉은 일본 만화를 연재하여 많은 인기를 얻자 중국 작품도 함께 수록했다. 이 잡지에서 소개한 만화를 전통적인 연환화連環畵와 구별하여 '신만화'라고 불렀다.

주장삼각주 지역

되었다.

　선전이야말로 중국 개혁개방의 상징적 도시다. 중국에서 가장 먼저 경제특구로 지정되었으며 인구의 평균 연령이 30세 정도인 젊은 도시다. 1인당 GDP 역시 1만 달러가 넘어 전국 1위를 달리고 있기도 하다. 젊음의 도시이자 유행에 민감한 소비형 도시인 선전은 시정부가 21세기 초부터 문화산업 발전을 위해 정책적으로 지원을 아끼지 않았다. 〈선전시 문화산업 발전 115계획〉, 〈선전시 문화산업 발전계획 강요(2007년~2020년)〉 등을 발표하면서 문화산업을 선전시 4대 기간산업으로 규정했다. 특히 선전은 8대 문화산업을 중점 육성하겠다고 밝혔는데, 바로 창의디자인산업, 동만게임산업, 디지털영상산업, 뉴미디어산업, 현대인쇄산업, 문화관광산업, 연예오락산업, 고급공예미술산업 등이 그것이다. 또한 2004년부터 매년 개최하는 '중국(선전)국제문화산업박람교역회'는 중국에서 열리는 문화행사 중 가장 규모가 크고 영향력 있는 문화산업 종합박람회라 할 수 있다. 100만 명에 이르는 참관객과 100억 위안 규모의 교역액을 자랑하는 행사인 중국(선전)국제문화산업박람교역회에는 우리나라도 매년 참가하고 있다.

작은 어촌이 중국 최대의 문화산업 플랫폼으로

주장삼각주 지역의 문화산업 발전에서는 특별히 두 가지를 주목할 만하다. 첫 번째는 문화적 자원이 전무한 곳의 문화산업 발전이다. 선전시는 개혁개방의 산물인 도시로 이전에는 그저 작은 어촌에 불과했다. 개혁개방을 통해 소위 신도시로 급성장한 선전시는 제2의 발전 동력의 하나로 문화산업을 선택했고, 특별한 전통문화 자원을 보유하고 있지 못한 까닭에 문화상품의 개발과 제작보다는 교역에 집중하는 전략을 취한다. 중국 정부가 문화산업에 관심을 기울인 초기부터 선전 시는 '문화산업박람교역회'라는 교역 플랫폼을 구축해 전국의 문화상품을 집결시켰고, 현재는 중국 내 가장 규모가 큰 플랫폼으로 자리매김했다. 중국 시장을 겨냥한 모든 문화상품이 선전시로 모이게 된 것이다. 여기에는 외국의 문화상품도 포함된다. 또한 이 플랫폼은 해외 시장 진출을 꿈꾸는 중국의 기업과 상품들에게는 가장 쉽게 글로벌 바이어들을 만날 수 있는 기회가 되기도 한다. 당연히 선전시는 이들을 위한 최고의 서비스를 제공한다. 이것이 중국 내에서 선전시가 최고로 잘할 수 있는 일이었다.

두 번째는 주장삼각주 지역의 문화산업이 광둥성을 중심으로 주변, 즉 중국의 서남부 지역과 긴밀히 연계되어 있다는 점이다. 즉 주장삼각주 지역은 광저우시와 선전시를 중심으로 광둥성을 아우르면서도 동시에 주변의 비교적 낙후된 지역, 즉 광시성, 윈난성, 구이저우성, 푸젠성, 후난성, 쓰촨성까지 영향력을 미치고 있다. 이들 서남부 지역은 개혁개방 이후 경제 발전 과정에서 소외됐으나 21세기에 접어들면서 자연자원과 문화자원이 적극적으로 개발돼 주장삼각주와 다각적인 협력을 이루고 있다. 광둥성은 풍부한 자본과 시장, 대외교류의 창구와 경험을 제공하고, 서남부 지역은 다양한 자연자원과 문화자원을 제공하면서 서로 윈윈할 수 있는 구조를 형성한 것이다.

21세기 중국의 전략적 거점, 베이징

다음으로 살펴볼 곳은 필자가 가장 강조하고 싶은 지역인 환보하이環渤海 경제권이다. 환보하이 경제권의 범위는 보하이만을 둘러싸고 있는 세 지역, 즉 랴오닝성, 허베이성, 산둥성을 비롯해 베이징과 텐진을 아우른다. 이 지역은 주장삼각주 경제권, 창장삼각주 경제권에 이어 중국 경제 발전의 세 번째 성장점이자 중국 정치와 경제의 안정을 보증하는 핵심 지역이다.

덩샤오핑이 개혁개방을 시작하면서 역점을 두고 키운 지역이 바로 주장삼각주다. 1990년대 이후 중국 경제를 한 단계 성장시킨 거점은 바로 상하이를 중심으로 한 창장삼각주였지만 21세기에 들어선 후진타오 정부는 새로운 성장 거점이 필요했다. 이때 주목한 곳이 바로 환보하이 지역이었다. 중국 정부는 이 지역을 동북아 국제경제협력의 중심지로 키울 생각을 한다. 지도를

환보하이 지역

보면 알겠지만 이 지역은 우리나라와도 밀접한 연관이 있다. 한반도와 함께 보면 보하이 만을 중국과 한반도가 둘러싸고 있는 모양이다. 이런 관점에서 우리나라의 인천은 매우 중요한 도시다. 훗날 북한이 개방된다면 한국의 서해안으로부터 북한을 거쳐 보하이 만을 아우르는 새로운 경제권이 막강한 위력을 발휘할 수도 있다. 이렇듯 중국에게 보하이 만은 한국과의 경제협력을 고려하고 북한과의 관계와 비전을 생각할 때 대단히 중요한 지역이다.

그런데 환보하이 경제권이 21세기 중국의 새로운 전략적 거점으로 자리매김하면서 주장삼각주, 창장삼각주를 번영하게 했던 방식과는 다른 새로운 산업 전략이 모색된다. 주장삼각주와 창장삼각주는 20세기 산업이 중심이었고, 당시 중국의 경제 여건 또한 후발국 수준에 머물러 있었던 까닭에 제조업, 물류, 금융이 핵심 산업이었다. 상하이가 그 대표적인 사례다. 그러나 21세기를 지향하는 환보하이 경제권은 선전이나 상하이를 단순히 모방하는 것으로는 적합하지 않았다. 그렇다면 베이징과 톈진의 전략을 중점적으로 살펴보자.

먼저 베이징의 문화산업 발전 전략을 알아보자. 베이징 시정부는 〈베이징 시 11차 5개년 문화창의산업 발전계획〉에서 11차 5개년 계획 기간(2006년~2010년)에 베이징 시의 문화창의산업 연평균 성장률 15퍼센트, 그리고 계획이 끝나는 2010년에 베이징 시의 문화창의산업 증가치가 시 GDP의 12퍼센트를 초과하는 것을 목표로 세웠다. 그리고 문예공연부터 출판 발행과 판권 교역, 방송영상 프로그램 제작과 교역, 동만게임산업 연구개발과 제작, 광고와 전시산업, 골동품과 예술품 교역, 디자인 창의, 문화관광, 문화레저스포츠, 문화창의산업 클러스터까지 10개 분야를 집중적으로 육성할 것을 밝힌다. 베이징 시정부는 이 계획을 실현하기 위해 표18과 같은 7개 시스템을 구축하는 전략을 수립한다.

베이징에는 중앙정부가 비준한 국가급 문화산업 기지만 총

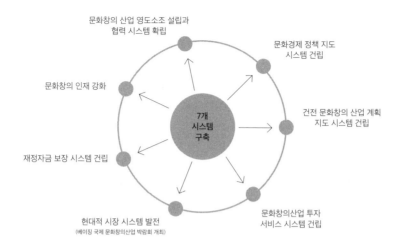

문화창의 산업 영도소조 설립과
협력 시스템 확립

문화경제 정책 지도
시스템 건립

문화창의 인재 강화

건전 문화창의 산업 계획
지도 시스템 건립

7개
시스템
구축

재정자금 보장 시스템 건립

현대적 시장 시스템 발전
(베이징 국제 문화창의산업 박람회 개최)

문화창의산업 투자
서비스 시스템 건립

[표18] 7개 시스템으로 구축된 베이징 시 문화창의산업 발전을 위한 실천 방안

16곳이 있다. 중국문화부가 비준한 기지 11곳, 광전총국이 비준한 기지 4곳, 신문출판총서가 비준한 기지 1곳이다. 여기에는 연구기지 3곳과 인력양성기지 2곳이 포함돼 있다. 여기서 주목할 것은 베이징 시가 자체적으로 구축한 '문화창의산업단지'다. 베이징 시는 1차로 10곳의 문화창의산업단지를 지정했고, 2차로 다시 10곳을 지정하는 등 적극적인 지원을 아끼지 않았는데 여기서는 1차로 지정된 10곳의 단지 가운데에서도 국제적으로 가

장 많이 알려져 있는 '798예술구'를 살펴볼 생각이다.

군수공장에서 예술가의 아지트로 재탄생하다

우선 '798예술구'가 어떻게 만들어졌는지를 이해하려면 1980년
대부터 형성된 베이징의 원명원圓明園 화가촌부터 이야기해야 한
다. 예술가들이 대도시로 모여드는 것은 일반적인 문화 현상이다.
그러나 베이징은 이러한 일반적인 현상 말고도 좀 더 특수한 사
회 · 역사적 배경을 지니고 있다. 물론 베이징은 예로부터 중국의
문화와 국제교류의 중심지로 많은 예술가들이 집결하는 도시였
다. 그러나 중화인민공화국 성립 이후 사회주의 노선을 추구해온
중국에서는 거주 이전의 자유가 없었다. 다시 말해 개혁개방 이전
까지 전국 각지의 예술가들이 베이징으로 몰려드는 일은 없었다
는 얘기다.

　개혁개방이 시작되자 처음으로 사회주의 호적제도°에 대

○ **사회주의 호적제도** 1958년 이후 중국 정부는 농민들의 도시 유입을 막
기 위해 농촌과 도시 호적자를 엄격히 분류하여 관리했다. 농촌 호적자가
도시에 이주할 경우 교육 · 주택 · 의료 · 복지 등에서 거의 혜택을 받지 못
했기 때문에 사실상 거주 이전의 자유가 없는 것과 같았다. 중국 국무원은
2012년 2월에 취업 · 교육 · 직업훈련 등에서 호적 차별을 금지하는 방침
을 내놓고 도시와 농촌의 통일 호적제도를 만드는 방안을 추진하고 있다.

한 도전, 더 거창하게 말하자면 국가체제에 도전하는 일련의 예술가 그룹이 베이징 서북부의 원명원 부근으로 모여들었다. 이들은 강렬한 자의식, 독립적 존재방식 추구, 전위적 예술행위를 통한 사회주의 역사에 대한 반항 등을 특징으로 지니고 있었다. 이들 원명원 화가촌을 주목한 사람들은 당시 베이징에 거주하던 외국인들이었다. 특히 미디어에 종사하던 외국인들은 원명원 화가들과 빈번히 교류했고, 이들을 해외에 소개한다. 이런 탓에 원명원 화가촌은 점차 중국 정부가 좋아하지 않는 관광명소가 되어갔고, 마침내 1995년 '세계여성대회'의 베이징 개최를 핑계로 베이징 시정부는 도시 정비사업을 해야 한다며 원명원 화가촌을 해산하기로 한다.

원명원 화가촌이 강제로 철거되자 쫓겨난 화가들은 새로운 보금자리를 물색했다. 이때 이들이 발견한 곳이 바로 '798공장'이었다. 그런데 이 798공장이 명물이다. 798공장은 원래 1950년대 초, 그러니까 중화인민공화국 성립 직후에 소련을 중심으로 사회주의 진영에서 진행한 대중국 원조 157개 프로젝트의 하나로 설립되었다. 당시 중국 정부는 소련에 국가급 전자공업기지 건설을 요청했고, 이를 사회주의권 전자공업을 선도했던 동독이 맡아 수행했다. 1954년 동독 부총리가 전문가들을 이끌고 중국을 친히 방문해 착공한 798공장은 벽돌 하나까지도 동독 전문가들의 검수를 받으며 만들어져 1957년에 완공되었으며, 이후 중국의 대표적인 군수공장으로 자리 잡는다. 그러다가 1980년대부터 산업과 도시 기능의 변화에 따라 점차 쇠퇴한다.

그렇다면 예술가들은 왜 798공장에 모여들었을까? 가장 중요한 요인은 바로 경제적 문제다. 1980년대 초반부터 전통적인 전자공업이 쇠락하고, 개혁개방 이후 도시 기능을 재정비하면서 798공장은 1980년대 말에 이르러 거의 반 정지 상태에 이른다. 2만 명이던 노동자 수가 4천 명으로 줄고, 대부분의 공장이 가동을 멈췄다. 이런 탓에 798공장의 관리 권한을 갖고 있던 치싱그룹은 운영이 정지된 공장을 단기임대로 전환한다. 2002년 당시 60평의 임대료가 월 40만 원 정도였다. 베이징 도심에서 가까우면서도 이처럼 저렴한 임대료는 예술가들을 유혹하기에 충분했다.

모더니즘과 사회주의를 품은 베이징 문화의 상징

저렴한 임대료 말고도 798공장은 예술가들을 매혹시킨 또 다른 매력을 갖고 있었다. 바로 798공장 건축물이 갖고 있는 공간적 분위기였다. 798공장은 20세기 초 독일에서 탄생한 '바우하우스 양식'으로 지어진 건물이다.

현대 공업생산과 수요에 맞춰 건축물의 기능, 기술, 경제적 효율을 강조한 바우하우스 건축 이념을 반영해 세워진 798공장은 높고 넓은 실내 공간, 활 모양의 천정, 경사진 유리창, 간단하고 소박한 스타일 등 독특한 특징을 보여준다. 특히 충분한 채광을 고려하고 태양의 직사광선을 피하기 위해 반아치형 천정의 북쪽에 비스듬한 유리창을 설치해 흐린 날이나 심지어 비가 오는 날에도 빛이 들어오도록 설계됐다. 이러한 독특한 풍격의 바우하우스 건축물은 현재 독일과 미국에 남은 일부가 주목받을 정도로 그 문화적·역사적 가치가 높다. 따라서 이 건축물은 현대미술, 전위예술을 지향하는 중국의 젊은 예술가들에게 창작 및 전시 공간으로 충분히 매력적이었다.

게다가 베이징의 이 798공장이 바우하우스라는 모더니즘 건축의 흔적만을 지니고 있는 것은 아니었다. 798공장은 바로 1980년대 이전까지 중국 공업화 건설의 흔적, 그리고 문화대혁명 시기의 역사적 흔적까지 고스란히 간직하고 있었다. 다시 말해 798공장은 반세기 중국의 정치, 경제, 기술, 문화, 사상 등을 온전히 보존하고 있는 이른바 '역사박물관'이기도 했다.

현대예술을 지향하는 중국의 젊은 예술가들에게 이러한 사회주의 역사의 흔적은 묘한 회고 정서와 더불어 작품 창작에도 적절히 활용될 수 있는 매력을 선사했다. 무엇보다 특히 서구인들의 눈에는 세계 어느 곳에서도 찾아볼 수 없는 진귀한 풍경이

798공장 | 바우하우스 양식으로 지어져 높고 넓은 실내 공간, 충분한 채광 등 중국의 젊은 예술가들에게 창작 및 전시 공간으로 충분히 매력적이었다. 모더니즘과 사회주의 역사의 흔적이 고스란히 배어 있는 독특한 분위기로 베이징 문화의 상징이 되었다.

(출처: ⓒ①ⓞ gongfu.king (위) / ⓒ①ⓞ Leeluv (아래))

었다. 해외 유명 화랑들이 앞다투어 798공장에 입주해 들어오기 시작한 것도 바로 이런 이유 때문이었다.

원명원 화가촌이 해체되면서 많은 예술가들이 798공장으로 몰려들었지만 이 지역이 오늘날과 같은 예술특구의 모습을 갖추기까지는 우여곡절이 많았다. 798공장의 소유주인 치싱그룹은 단기임대 기간이 끝나는 2005년에 이 공장을 재개발해 아파트와 상업지구로 만들 계획이었다. 베이징의 다른 구역처럼 이 지역의 재개발 역시 경제 논리에 따른 당연한 수순이었다. 공장 소유주에게는 앞서 말한 798공장의 매력이 의미 있게 다가오지 않았음은 물론이다. 치싱그룹의 계획은 곧바로 당시 입주 예술가들의 극렬한 반대와 청원에 부딪쳤고, 결국 베이징 시정부는 798공장을 근현대 우수 건축물로 지정해 보호하기로 결정한다.

베이징 시정부의 이러한 결정은 아마 1990년대였다면 불가능했을 것이다. 21세기 중국, 특히 베이징과 같은 주요 도시에서 새로운 도시 건설 개념이 등장하고, 중앙정부 차원에서도 도시발전과 문화의 관계에 대한 관심이 고조되었던 분위기가 반영되었기 때문에 가능했다. 무엇보다도 2008년 베이징올림픽 개최와 관련해 베이징을 새롭게 이미지화하는 것이 가장 중요한 이유가 아니었을까. 더구나 798예술구는 외국에서 주목한 지역으로 2003년 〈타임〉지는 이곳을 문화 상징성을 갖춘 전 세계 22개의 도시예술 중심지 중 하나로 선정했다. 2004년 〈뉴스위크〉는 세계 최고 도시 12곳 중 하나로 베이징을 꼽았는데, 그 이유는 798예술구의 존재와 발전이 세계적 도시로서 베이징의 능력과 미래의 잠재력을 증명하기 때문이라고 했다. 〈뉴욕타임스〉는 798예술구와 뉴욕의 소호를 비교하기도 했다.

이러한 이유로 2006년 베이징 시정부는 798공장을 문화창의산업단지로 지정하고, 베이징 시 차오양구 정부와 치싱그룹은 '북경 798예술구 건설관리 사무실'을 설립해 798예술구를 종합 관리한다. 자연발생적으로 형성된 예술구에 정부가 개입하면서 경제적 이익만을 앞세운 재개발 논리를 잠재우고 새로운 문화적 공간을 만든 것이다.

도시 계획의 성공 모델이 된 789예술구

798예술구는 시정부에 의해 문화창의산업단지로 지정된 후 더욱 활기를 띤다. 2005년에 798예술구를 방문한 관람객이 약 50만 명 이었는데 2006년에는 100만 명을 넘어선다. 입주 기업도 2005년 63개에서 2007년에는 354개로 증가한다. 실험성이 강한 현대예술을 추구하는 젊은 예술가뿐만 아니라 저명한 예술가들도 798예술구로 들어왔다. 덩샤오핑 조각상을 제작했던 칭화대학 교수 리샹췬李象群, 2006년 예술품 경매 최고가를 경신했던 류샤오둥劉小東 등이 798예술구에 자리를 잡는다. 벨기에의 UCCA를 비롯해 이탈리아, 독일, 싱가포르, 영국, 대만, 일본 등 국제적 명성이 높은 화랑들도 798예술구에 속속 입주해 국제적 교류를 주도한다.

물론 이러한 명성에 부작용이 없었던 것은 아니다. 798예술구가 명성을 획득하자 가장 먼저 타격을 받은 사람들은 아이러니하게도 바로 798예술구를 만들었던 가난하고 젊은 예술가들이었다. 임대료가 천정부지로 상승했기 때문이다. 높은 임대료를 감당할 수 없는 창작자들은 798예술구를 떠났고, 유명한 화랑들이 그 자리를 채웠다. 이런 흐름에 따라 창작자가 중심이었던 798예술구는 점차 주요 화랑들의 전시 공간으로 탈바꿈하게 된다.

그럼에도 21세기 베이징에 형성된 이 예술공간은 중국의 도시 발전 계획에 상당히 중요한 영향을 미친다. 798예술구를 벤치마킹하는 수많은 도시들이 생겨났다. 그러나 앞에서 설명한 바와 같이 798예술구는 계획적으로 만든 것이 아니라 예술 창작자들을 중심으로 자연발생했다는 점에 주목해야 한다.

예술공간은 정부가 계획적으로 조성한다고 해서 만들어지지 않는다. 물리적 공간은 조성할 수 있을지 몰라도 그 공간에서 벌어지는 활력과 실험정신, 그리고 예술가들이 보여준 애정은 쉽게 조성할 수 없다. 우리나라를 포함해 많은 도시들이 798예술구를 모델로 예술구를 기획했지만 성공한 사례가 그리 많지 않다는 점 역시 798예술구의 특별한 탄생을 반증한다.

신흥강자로 떠오른 도시, 톈진

다음으로 톈진의 문화산업 발전계획을 살펴보도록 하자. 톈진은 우리나라 인천과 비교해 살펴보면 대단히 흥미롭다. 유사한 면이 상당히 많기 때문이다. 1860년 베이징 조약과 함께 개방된 톈진은 20세기 초반 상하이와 함께 대표적인 개항장으로 꼽혔다. 영국, 미국, 독일, 일본 등 9개국이 중국 침략의 근거지로 삼았던 조계지租界地가 형성되었고, 공업생산과 수출입, 은행, 항만 등에 있어서 전성기를 구가하면서 인구와 규모, 생산과 상업도시 명성에서도 상하이에 버금가는 큰 도시로 주목받았다. 그러나 대내외적 관문 역할을 담당했던 톈진은 중화인민공화국 성립 이후 국가 주도의 중앙집중적 계획과 폐쇄형 자력갱생 경제 체제 탓에 그 위상을 상실하고 만다. 더구나 수도 베이징에 인접해 있어 항상 우선순위에서 밀리고 소외되었다. 마치 우리나라 인천이 북한과 중국의 공산화로 대외적 관문 기능을 상실하고 또한 수도권에 묻혀 그 가치를 발휘하지 못한 것과 유사하다고 볼 수 있다.

그렇지만 20세기 하반기 쇠락했던 톈진은 21세기에 들어서면서 새롭게 주목받기 시작한다. 우선 개혁개방이 활발해지면서 개방적 항구도시의 발전 전략이 새롭게 추진되었고, 베이징과의 연계 전략이 새로운 차원에서 모색됐다. 한국과의 대외무역이 급속히 확대된 것도 중요한 요소다. 특히 후진타오 정부는 중국의 지속적인 발전을 위해 상하이 푸둥개발계획의 뒤를 잇는 새로운 국가급 개발계획이 필요했고, 요구에 가장 적합한 지역이 톈진이었다.

하이테크산업으로 상하이를 넘보다

1980년대 주장삼각주 경제권을 추동한 것은 바로 선전특구개발계획이었다. 이어 1990년대 창장삼각주 경제권을 선도한 것은 상하이 푸둥신구개발계획이었다. 이제 2005년에 톈진 빈하이신구개발계획이 국가급 종합개혁시범구로 선정되면서 이 지역이 환보하이 경제권의 핵심 개발계획으로 떠오른다. 당연히 톈진의 목표는 상하이를 넘어서는 것이었다. 그런데 그것이 가능한 일일까? 톈진 시정부 관계자의 말을 빌리면 상하이는 금융과 물류의 글로벌 도시로 중국 제1의 도시다. 환보하이 경제권의 중심으로 톈진이 발전하기 위해서는 금융과 물류 영역에서 국제 도시로서의 면모를 갖추어야 한다. 그러나 21세기형 도시인 톈진은 그것만으로는 상하이를 넘어설 수 없다고 보았으며 새로운 성장점이 필요하다고 생각했다. 이때 톈진이 찾은 해답이 하이테크산업과 연계한 문화산업이었다.

2007년 톈진은 '톈진창의산업발전전략연구판공실'을 설립하고 톈진 창의산업 발전 전략을 수립한다. 전략의 기본 방향은 톈진의 제조업 발전 단계에 맞춰 산업의 고도화를 꾀하고 여기에 서비스산업의 발전과 하이테크산업을 발전시켜 창의산업 육성의 토대를 마련한다는 것이다. 특히 베이징과 인접한 지역 특성을 장점으로 승화해 상대적으로 저렴한 인건비와 원가 효과를 활용하면서 창의기업과 인재를 유치한다는 전략이다.

무엇보다 톈진이 보유하고 있는 근현대 역사문화의 풍부한 전통과 전통예술산업의 조합, 현대적인 운용을 통해 톈진 특유의 문화창의산업을 육성한다는 것이 핵심이다. 바로 이런 계획의 일환으로 시정부는 톈진 신기술산업원구에 '동만게임창의산업기지'를 조성한다. 규모가 12.4만 제곱미터에 달하고 투자금액만 약 2천억 원에 이르며, 사무공간, 공공서비스, 실험, 창의연구개발, 생산가공, 동만작업실과 부대시설 등 6대 기능을 구현할 수 있는 환경을 만든 것이다.

지금까지 중국 동부 연안의 주요 경제권을 중심으로 핵심 도시들의 문화산업 진흥 전략을 살펴보았다. 이러한 도시의 움직임은 앞 장에서 언급한 바와 같이 중국이 직면하고 있는 산업구조의 개편, 21세기형 새로운 도시건설 계획 등과 맞물려 있다. 이렇게 비교적 발전된 도시들은 문화산업 육성에 있어서도 하이테크산업과 관련이 깊은 쪽에 집중하는 경향을 보인다. 상대적으로 낙후되어 있는 중서부 지역 역시 문화산업을 지역 경제 활성화와 이미지 브랜딩에 적합한 분야로 삼는다. 한국의 노동집약적 산업이 점차 중국이나 동남아시아로 이동해간 현상과 마찬가지로, 중국은 동부 지역에서 경쟁력을 잃은 산업이 외국이 아닌 중서부 지역으로 이전할 수 있다. 이렇게 되면 단기적으로는 산업공동화 産業空洞化의 위험을 피할 수 있지만, 장기적으로 봤을 때 저임금에 기초한 산업이 가져다주는 여러 가지 사회적 부작용을 중서부 지역이 고스란히 떠안을 수 있기 때문이다.

지역 경제 발전의 명암

중국 정부의 지역 문화산업 육성 전략은 지역 자원의 비교 우위에 근거한 차별화를 특징으로 한다. 다시 말해 동부 지역에 위치한 비교적 발달한 대도시들은 문화산업의 핵심층, 특히 하이테크에 기반한 이른바 과학기술형 문화산업의 육성을 독려한 반면 상대적으로 낙후된 중서부 지역은 지역이 보유하고 있는 문화적 자원을 개발해 문화산업의 외연층과 관련층 분야의 산업을 발전시키고자 했다. 중서부 지역의 이러한 전략은 문화산업의 가치사슬을 구성하는 인프라가 절대적으로 부족한 현실적 조건을 고려한 것이다. 어찌 보면 정부가 강제적 정책 수단을 동원해 특정 지역에 특화된 문화산업을 육성하지 않는 한 이들 지역이 자체적으로 문화산업을 발전시킬 수 있는 유일한 자원은 보유하고 있는 전통문화유산과 자연환경 정도였을 것이다. 이러한 자원의 개발은 기술

조건과 지식 요소에 대한 요구가 그리 높지 않고 문화자원이 직접 문화산업으로 전환되어 비교적 쉽게 산업 가치를 실현시킬 수 있다는 장점도 있다. 때문에 중국 정부가 문화산업을 국가 중점 산업으로 발전시키기로 천명하자 각 지역에서는 문화자원 개발을 문화산업 육성의 우선순위에 놓기 시작한다.

이러한 문화산업 발전 전략의 특징 가운데 하나는 주로 관광산업과의 직접적인 연관 속에서 추진된다는 점이다. 가장 대표적인 사례가 윈난성이다. 윈난성 정부는 중앙정부가 문화산업 정책을 추진한 초기부터 문화산업에 주목하고 문화산업을 성의 중점 사업으로 추진했다. 본래 윈난성의 관광산업은 연초업(煙草業, 담배산업) 다음으로 성 재정수입의 중요한 근원이 되는 지주 산업이었는데 윈난성 정부는 문화산업이 이러한 관광산업의 발전을 더욱 촉진할 것으로 기대했던 것이다.

그러나 이러한 지역 문화자원 개발은 많은 문제점을 드러내기도 했다. 구이저우성의 부이족·먀오족 자치현은 부이족 문화를 집중적으로 전시해 더 많은 관광객을 유치할 목적으로 나콩 부이족 민속촌을 조성하고 대량의 전통 주거 건축물을 건설했지만 대단히 조잡하고 문화적 가치가 결여돼 부이족의 독특한 건축 문화를 체험하기 어렵다는 비판을 받았다.

보호보다는 개발, 지역 경제 활성화의 명목

장쑤성의 화시춘은 문화 테마파크라는 이름으로 세계의 유명한 문화유적 축소판을 조성했다. 사실 이러한 테마파크는 이미 다른 지역에도 많다. 베이징의 '세계 공원', 후난성의 창사와 광둥성의 선전에 각각 자리한 '세계의 창' 등은 문화유적을 복제한 인공건축물 테마파크로 토목 혹은 부동산 개발의 산물이다.

중국에서 문화자원 개발의 상당수는 부동산 투자와 밀접히 결부되어 있다. 문화산업 영역에 민간 자금을 적극적으로 유치하려는 중국 정부의 정책에 따라 다양한 부동산 투자 프로젝트가 문화자원 개발에 더해졌는데, 이러한 양상은 무엇보다 부동산 개발회사의 자금을 끌어들임으로써 정부의 재정 부담을 줄일 수 있다는 장점이 있어 더욱 활기를 띠었다. 물론 그 대가로 지방 정부는 토지에 대한 각종 세금 혜택과 프로젝트 지원을 제공해 기업의 투자 리스크를 감소시켜준다. 또 이러한 프로젝트를 통해 기업은 이미지도 제고할 수 있다. 선전화챠오청그룹이 개발한 선전의 화교성이나 쑹청그룹이 개발한 항저우레저박람원 등이 대표적인 성공 사례다.

그러나 부동산 투자와 결합된 문화자원의 개발 프로젝트는 종종 개발회사의 문화에 대한 이해 부족과 과도한 상업적 이익 추구 탓에 현지 문화생태환경 파괴 혹은 자연경관 파괴와 같은 심각한 문제를 발생시키기도 한다. 실제로 문화산업 발전 전략을 수립하는 과정에서 전통문화유산을 '보호'할 것인가, '개발'할 것인가를 두고 빈번히 갈등을 겪곤 한다. 예컨대 전통문화유산을 문화자본으로 간주할 때 경제적 가치와 문화적 가치는 어느 정도이며, 그 가치를 누가 어떻게 매길 수 있는지 등 논란이 벌어질 수 있다. 이때 정부 정책은 그 사회가 문화유산을 대하는 태도에 결정적인 영향을 미친다. 앞서 얘기한 것처럼 중국 정부의 지역 문화산업 정책은 지역 경제 활성화라는 목표와 긴밀하게 엮여 수립되고, 다른 지역보다 경쟁력이 있다고 생각되는 문화적 자원을 중심으로 추진되기 때문에 문화유산의 '보호'보다는 '개발'의 논리가 우위를 점한다.

베이징 첸먼 거리 개발 프로젝트는 '개발'의 논리가 우위를 보인 전형적인 사례다. 본래 첸먼 거리는 베이징 전통문화가 뚜렷이 남아 있는 대표적인 상업 지역이었다. 그러나 왕푸징, 시단 등 핵심 상권의 발달로 첸먼 거리가 점차 쇠퇴하자 베이징 정부는 2007년 소위 '중점문화유산 개조공정'을 추진하기로 결정하고 약 80억 위안(한화 약 1조3천억 원)의 자금을 이 개발 프로젝트에 투입한다. 2008년 8월 베이징올림픽에 맞춰 개방된 첸먼 거리에는 모두 103개의 상점이 입주했는데 이 중 중국 자국 브랜드 상점이 71퍼센트, 글로벌 브랜드 상점이 29퍼센트를 차지했으며, 자국

브랜드 상점 가운데 소위 '전통 상점'은 14개로 14퍼센트에 불과했다. 다시 말해 이 지역은 대단히 현대적인 상점들로 채워졌으며, 거리는 전통건축물을 모방해 계획적으로 정돈되긴 했으나 전통문화의 맛과 멋을 더 이상 느낄 수 없게 되었다.

집계에 따르면 이 거리를 개방한 후 1년 동안 이곳을 찾은 관람객은 약 5천만 명 정도로 매일 평균 15만 명에 달한다. 그러나 이들은 대부분 사진만 찍는 관광객이었고 상점에서 물건을 구매하는 사람은 극히 적었다. 상대적으로 첸먼 거리 뒤편의 다쟈란 거리에는 베이징의 전통을 그대로 간직한 상점과 음식점들이 집중되어 있는데 첸먼 거리를 방문한 많은 관광객이 오히려 여기서 물건을 구입한다고 한다. 이러한 사례는 지역의 문화관광산업 활성화 전략이 장기적 관점에서 경제적 이익과 문화적 가치 양쪽 모두에 긍정적 영향을 주는 방향이어야 한다는 점을 상기시킨다.

자본은 때로 독이 된다

베이징 고궁(자금성)에서 발생한 이른바 '클럽하우스' 사건은 과도한 상업적 이익 추구가 문화유산을 얼마나 심각하게 훼손할 수 있는지를 보여주는 대표적인 사례다. 베이징 고궁은 중국의 국가중점문물보호대상이자 첫 번째로 유네스코 세계문화유산에 등재된 중국 문화의 상징과도 같은 건축물이다. 2011년 5월 11일 중국중앙방송국 앵커 루이청강芮成鋼은 고궁 산하의 베이징 고궁궁정문화발전유한공사가 2009년 고궁박물관과 합작해 건복궁建福宮° 운영에 참여하면서 이곳을 글로벌 재벌들을 위한 호화로운 클럽하우스로 조성하고, 입회비 100만 위안의 회원권 500개, 즉 총 5억 위안(약 800억 원) 금액의 회원권을 판매하기로 했다고 중국의 SNS 웨이보에 폭로한다. 여론의 집중 포화를 맞으면서 이 사업은 철회되었지만, 만일 지속되었다면 여기서 발생한 수익은 아마도 베이징시 문화산업 부가가치에 포함되었을 것이다.

이 밖에도 중국의 각 지역에 구축된 많은 문화산업 클러스터들이 부동산 개발 사업과 관련을 맺으면서 본래의 목적, 즉 문화산업의 집적 효과를 실현하지 못하고 있는 것으로 나타났다. 부동산 개발 회사들은 해당 지역 정부로부터 저렴한 가격에 토지를 불하받아 개발 후 시세차익을 거두고, 입주 기업들에 대한 서비스 인프라 구축(각종 상업시설과 주거시설 등)을 통해서도 다양한 형태의 임대료 수익을 챙길 수 있었다. 각 지역 정부가 지원하는 각종

○ **건복궁** 청나라 건륭제乾隆帝 1742년에 건립된 궁으로, 현재 자금성 서북쪽에 위치해 있다. 1923년 화재로 소실되었다가 1999년 국무원의 비준을 거쳐 2005년에 중건되었다.

혜택은 기업의 입주를 유인하는 적절한 수단으로 활용되었다.

지역 정부에게도 문화산업 클러스터 조성은 도시 재개발 혹은 외곽 지역의 신개발 사업을 추진할 수 있는 명분이 되었으며, 정부 실적을 위해서도 필요했다. 정부가 보증하는 개발 사업을 금융권이 마다할 이유도 전혀 없었다. 이러한 과정에서 문화산업 클러스터의 효과적인 운영 및 입주 기업에 대한 실질적 지원 프로그램은 관심 밖이었다. 중국문화부의 조사에 따르면 2005년 말 전국에 2천5백 개가 넘는 문화산업원구가 존재하지만 그 가운데 실제 이익을 내고 있는 문화산업원구는 전체의 10퍼센트 정도에 불과하다고 한다.

변방의 기적,
인상 프로젝트

지역의 문화자원을 개발해 지역발전을 도모한 성공 사례가 없는 것은 아니다. 대표적인 사례가 바로 '인상 프로젝트'다. 우리나라에도 제법 알려져 있고, 또 여러 지자체에서 벤치마킹하려고 노력한 인상 프로젝트는 지역의 문화관광자원 개발과 관련해 많은 시사점을 준다. 인상 프로젝트의 개발과 제작 과정을 살펴보자.

1997년 광시성 문화청은 지역의 문화자원인 류싼제劉三姐라는 민간 고사를 활용해 광시성의 민족문화와 관광을 결합시킬 것을 제안하고, 당시 광시장극단과 잡기단 단장이었던 메이수이웬梅帥元에게 이 기획을 맡긴다.

광시성의 민간 전설인 류싼제 고사는 다양한 버전으로 오랫동안 전해 내려온 유명한 이야기다. 전설에 따르면 류싼제는 당唐나라 때 광시 지역에서 활동한 민간 가수로 이 지역의 소수민족인 장족壯族 여인이었다고 한다. 전설이 으레 그렇듯 이 여인은 노래만 잘했던 것이 아니라 외모도 매우 아름다웠고 성품도 선량했으며 대단히 총명했다. 류싼졔는 17세가 되던 해 대창(對唱, 중국어로는 대가對歌라고 하는데 두 사람이 마주보고 일문일답식으로 주고받으며 노래하는 형식)을 하면서 준수한 한 청년과 사랑에 빠지고 평생을 같이할 것을 맹세한다. 그리고 당연하게도 이 시점에서 악당이 등장한다. 평소 류싼졔에게 흑심을 품고 있던 이 마을의 부잣집 망나니가 류싼졔를 빼앗기로 마음먹고 음모를 꾸민다. 달빛이 휘영청한 어느 날 밤 유하 강변 바위 위에서 달을 보며 사랑을 속삭이던 류싼졔와 청년은 돌연 나타난 왈패들에게 쫓겨 벼랑 끝으로 몰리고, 결국 두 사람은 내생을 기약하며 손을 잡고 유하의 강으로 몸을 던진다. 이후 마을 사람들은 매년 3월 3일이 되면 유하 강변에서 노래 대회를 열어 류싼졔를 추모하는 행사를 개최한다. 이 이야기는 1960년대에 영화로 제작되면서 큰 인기를 얻기도 했다.

준비 기간만 5년 5개월이 걸린 대형 프로젝트

광시성 정부로부터 임무를 부여받은 메이수이위웬梅帅元은 1998년 10월 초 계림 부근의 한 어촌에서 밤을 보내던 중 아련하게 들리는 강물 소리에 취해 있다가 번뜩이는 영감을 얻는다. '산수실경

공연(山水實景公演, 실제 자연경관을 무대로 진행되는 공연)'이라는 '인상 프로젝트'의 초보적 구상이 만들어진 순간이었다. 메이수이웬은 문화청에 제안서를 곧장 제출했고 광시성 정부는 이를 즉각 비준한다. 메이수이웬은 20만 위안(한화 4천만 원)의 자금을 모아 광시문화예술유한공사라는 회사를 직접 설립한 후 11월에 베이징으로 달려가 중국 최고 감독으로 꼽히는 장이머우와의 합작을 성사시킨다. 장이머우 감독은 1998년 말 후보지로 거론되었던 세 지역을 꼼꼼히 살핀 끝에 최종적으로 리장과 텐쟈허가 만나는 수통산 부근을 선정했다. 1999년 5월 양수오현 정부와 관련 부서는 관련 프로젝트에 대한 비준을 내려준다.

그런데 이 프로젝트의 진행 중 두 가지 난제가 있었다. 하나는 자금 조달 문제였고, 다른 하나는 창작 문제였다. 우선 메이수이웬은 초기 3년 동안 해외의 자금을 끌어들이기 위해 두 곳의 홍콩 회사와 투자 관련 협의를 진행했는데 결국 투자 유치에 실패하고 만다. 그리고 2001년 메이수이웬은 광시웨이니룬그룹과 접촉을 시도한다. 이 회사는 광시성 최대의 화공기업으로 문화관광사업에는 경험이 전혀 없는 회사였다. 그러나 한 달에 걸친 담판 끝에 광시웨이니룬그룹은 투자를 결정하고 광시문화예술유한공사와 합작회사를 설립한다. 그리고 초기에 약 60억 원 정도를 투자한다.

중국의 민간 고사를 바탕으로 만든 뮤지컬 〈인상 류싼제〉 | '인상 프로젝트'는 수백 억 원의 경제 효과를 내 광시성을 세계적인 문화관광지로 변모시켰다. (출처: ⓒ①⓪ nekonoir)

자금 확보와 별도로 창작팀 역시 여러 차례의 조정을 거치면서 2002년에 왕차오거王潮歌와 판위에樊跃 감독을 영입하고, 같은 해 11월에는 계림에서 열린 보아오관광포럼 폐막식에서 실험적으로 산수실경공연 〈판타지 리장〉을 선보인다. 이것이 바로 〈인상 류싼제〉의 모태가 되었다. 창작팀은 곧바로 현지의 예술학교 학생들과 농민들을 조직해 연습을 시작했으며, 2003년 10월 1일 국경절에 시연한다. 2003년 12월에는 '2003년 세계 관광목적지 개발과 관리지구 합작 세미나'에 참석한 150명의 대표들을 대상으로 〈인상 류싼제〉를 공연해 호평을 받는다. 2004년 2월에는 중국문화부 손쟈정 부장이 세 명의 부부장과 중국문화계 대표인사 50명 가량을 인솔해 이 공연을 직접 참관한다. 물론 대단히 높은 평가를 받았다. 2004년 3월 20일 마침내 〈인상 류싼제〉는 정식으로 공연을 시작한다. 준비 기간만 5년 5개월이 걸렸고, 창작에만 국내외 67명의 예술가가 참여했으며, 109번의 수정을 거친 작품이 비로소 세상에 나온 것이다.

수백 억의 경제 효과를 낸 한 편의 뮤지컬

중국답게 정식으로 공연하는 〈인상 류싼제〉의 규모는 엄청났다. 관중석은 전체 3천5백34개석이었는데 그 가운데 일반석이 2천3백24개, 귀빈석이 1천1백54개였고 VIP석이 56개에 달했다. 무대에는 2킬로미터의 리장 수역과 12개의 산봉우리를 배경으로 중국 최대 규모의 환경예술 조명과 독특한 안개효과 시스템이 동원되었다. 음향 역시 은폐식으로 설계해 환경 훼손을 최대한 방지하고, 산봉우리와 메아리 등을 이용해 천연의 입체 음향효과를 만들었다. 마침내 이 공연은 2004년 '전국문화산업시범기지'의 영예를 안았고, 2005년에는 제3회 중국 10대공연상과 최우수감독상을, 같은 해 11월에는 중국문화부 창신상을 수상한다.

뮤지컬 〈인상 리장〉 | 윈난성 옥룡설산를 무대로 약 500여 명의 소수민족 배우들이 출연하는 대규모 공연으로 중국 남부 지역의 대표적인 문화 프로그램이 되었다. (출처:ⓒ①kelly Hau)

그리고 〈인상 류싼제〉의 성공을 바탕으로 2007년에는 항저우를 무대로 한 〈인상 시후〉, 2008년에는 윈난성 리장을 무대로 한 〈인상 리장〉, 그리고 2009년에는 하이난을 소재로 한 〈인상 하이난다오〉가 연이어 제작된다. 이들 작품 모두 각 지역이 지니는 독특한 자연 절경과 민족 문화를 조화시켜 제작한 공연 프로젝트다. 지역의 산수절경 자체를 무대로 삼은 이 독특한 기획은 무엇보다 그 지역이 아니면 볼 수 없다는 희소성 측면에서 훌륭한 평가를 받았다.

또한 이들 공연은 지역 주민을 배우로 고용해 고용창출 효과에도 크게 기여했다. 〈인상 류싼제〉에는 현지 주민 600여 명이 동원되었고, 〈인상 리장〉은 주변 16개 지역의 19개 민족 500여 명이 배우로 출연했다. 광시성에는 '장이머우 예술학교'가 설립되었다. 이 학교는 주로 광시 소수민족 지역의 빈곤한 학생들을 선발해 전문적으로 예술교육을 시키고 있는데 학비와 생활비가 전액 면제라고 한다. 물론 공연에 참가할 경우 출연비는 별도로 지급된다.

〈인상 류싼제〉가 국내외의 주목을 받은 주된 이유는 물론 경제적 효과 덕분이다. 우선 제작사는 총 8,000만 위안(한화 160억 원)을 투자한 것으로 나타났다. 표19는 〈인상 류싼제〉의 관중 수와 영업수익, 납부한 세금의 규모를 나타낸 것이다.

보다시피 2004년 2,552만 위안(약 50억 원)의 영업수익이 2009년에는 12,205만 위안(약 250억 원) 정도로 급성장했다. 더불어 국내외

(단위: 만 명, 만 위안)

구분	2004	2005	2006	2007	2008	2009
관중 수	31	48	78	100	101	128
공연 횟수	263	318	395	470	430	497
영업수익	2,552	4,546	7,312	9,441	9,617	12,205
세금	83	173	244	1,065	1,141	1,389

[표19] 2004~2009년 〈인상 류싼제〉 관중 수, 영업수익 및 세수 현황

(출처 : 계림광유문화여유문화산업유한공사桂林廣維文華旅遊文化産業有限公司)

관광객을 유치해 지역 경제 활성화를 도모한 점도 높게 평가받고 있다. 예컨대 공연이 없던 2003년에 양쒀오 지역에서 숙박하던 관광객은 20여만 명 정도였는데, 공연이 시작된 2004년에는 50여만 명으로 급증했다. 관광지에서의 하루 숙박은 대단한 경제적 효과를 창출한다. 필자는 전에 만리장성을 관리하는 회사 관계자를 만난 적이 있는데 그가 말하길 만리장성을 찾는 관광객이 그곳에서 하룻밤을 묵어갈 수 있게 하는 것이 회사의 가장 큰 고민이라고 했다. 만리장성은 베이징 관광에서 당일치기 코스이기 때문이다.

2009년 양쒀오 지역의 관광 총 수입은 약 5천억 원에 이른다. 2007년의 두 배에 가까운 금액이다. 관광산업을 필두로 한 양쒀오의 3차산업 비중은 전체 GDP의 55퍼센트에 달했고, 이 지역 재정의 65퍼센트를 담당하게 되었다. 마찬가지로 〈인상 리장〉 공연이 시작된 2008년에 리장의 관광객은 625만 명, 관광 수입은 약 1조 2천억 원에 달했다. 물론 관광객이 이 공연만 보려고 오는 것은 아니지만, 이곳에 오면 반드시 공연을 봐야 할 만큼 지역의 대표적인 문화 프로그램으로 자리 잡은 것은 분명하다.

이렇듯 지역의 대표적인 브랜드로 자리매김한 '인상 프로젝트'는 경제적인 효과뿐만 아니라 그동안 세인들의 무관심 속에 묻혀 있던 중국 변방 도시를 세계적인 문화관광지로 변모시킨 획

기적인 공연 프로젝트였다. 이 프로젝트의 영향으로 현재 중국의 거의 모든 관광지에는 그 지역 특색의 공연 프로그램이 기획·운영되고 있다. 지역의 전통문화가 지역 경제를 활성화시키는 콘텐츠 산업으로 도약한 것이다.

중국 문화산업,
10년의 실험

어느 나라나 지역발전이 화두이며, 지역발전을 위한 여러 프로그램들 가운데 문화는 끊임없이 부각되고 있다. 따라서 중국을 이해하는 여러 가지 접근 방법 중 하나로 지역 문제를 살펴보는 것은 굉장히 중요한 일이다. 그리고 문화산업과 관련해 지역의 발전 전략을 짚어보는 것 역시 매우 흥미로운 일이다.

중국 정부가 전략적으로 추진하고 있는 지역 문화산업 클러스터는 여전히 동부 지역에서 그 성과가 두드러지게 나타나고 있다. 물론 그것은 문화산업의 속성과도 밀접한 관련이 있다. 문화산업, 특히 과학기술형 문화산업은 대도시 지향성을 지닌다. 대도시가 시장, 자금, 인재 등 모든 면에서 우수한 인프라를 갖추고 있기 때문이다. 그러나 중국의 사례에서 주목할 만한 것은 문화산업이 대도시에만 한정된 산업은 아니라는 사실이다. 더구나 낙후된 지역의 문화산업 발전 과정에서 주변에 대도시가 있다는 것은 오히려 커다란 장점이 될 수 있다.

개혁개방 이후 중국은 일반적인 산업경제 논리에 따라 동부 연해 지역이 급속도로 발전했고, 이러한 발전은 상대적으로 취약한 지역을 지속적으로 착취했기 때문에 가능했다. 그러나 지역 균형발전이라는 명목으로 정부가 낙후된 지역에 비효율적 투자를 지속한다는 것은 분명 한계가 있다. 결국 지역은 각자의 특화된 발전 방안을 스스로 찾아야만 하는 것이다. 물론 그 발전은 경제적 영역에만 국한된 것은 아니다. 문화산업의 영역에서 동부 지역의 대도시와 중서부 지역 간의 관계는 이제 착취와 피착취 구조에서 상생의 구조를 모색하는 적극적인 모습으로 바뀔 수도 있다는 가능성을 드러내고 있다. 지역만의 독특한 문화 및 자연 자원이 점차 대도시를 유혹하고 있는 것이 분명하다.

최근 중국 중서부 지역에 위치한 대부분의 도시들 역시 이러한 점을 명확히 인식하고 지역 문화산업 발전의 대열에 경쟁적으로 동참하고 있다. 이 과정에서 당연히 성공 사례로 나오고 실패 사례도 나올 것이다. 그러나 중국 정부가 강조하듯 지난 10여 년의 과정을 하나의 실험으로 본다면 이러한 실험이 헛되지만은 않을 것이다. 이러한 노력에 대한 평가는 향후의 몫으로 잠시 미뤄야 하지만, 거시적으로는 동부 지역과 중서부 지역의 공동 발전을, 미시적으로는 동부 지역 내에서의 대도시와 농촌 지역의 공동 발전을 모색하는 과정에서 지역의 문화자원을 활용한 창조적 개발을 위해 다양한 실험을 독려하는 중국 정부의 정책은 분명 눈여겨봐야 할 대목이다.

역사가 '우리'를 향해 다가온다

21세기 중국의 메시지

중국 정부는 중국 문화의 해외 진출을 독려하는 것 못지않게 해외 문화상품의 중국 내 수입을 엄격한 잣대로 규제하고 있다. 이제 중국 정부는 단호하게 말한다. 중국을 부정적으로 묘사하는 어떤 문화상품도 중국에 들어올 수 없다고 말이다. 그리고 세계 최대의 문화시장으로 성장하고 있는 중국의 이러한 요구를 글로벌 기업들은 이제 더 이상 무시할 수 없게 되었다.

종합국력의 시대를
맞이하다

4장에서는 중국의 국가발전 전략에서 문화산업이 갖는 의미를 살펴본다. 중국은 21세기에 들어 '사회주의 문화강국 건설'을 국가비전으로 삼고, 이를 위해 문화산업을 국민경제 지주 산업으로 만들겠다는 전략을 수립했다. 2장과 3장에서 중국의 국내 문제를 주로 다루었다면 이 장에서는 중국의 대외적 문제, 구체적으로 말하자면 중국 문화를 어떻게 세계화, 국제화할 것인지를 둘러싼 중국 정부의 전략을 살펴보겠다.

이 장의 제목을 '역사가 '우리'를 향해 다가온다'로 정했는데, 사실 이 말은 필자가 만든 말이 아니다. 혹시 2008년 베이징 올림픽 개막식을 기억하는가? 개막식 카운트다운이 시작될 때 천안문 광장에서부터 올림픽 주경기장까지 하늘에 발자국 모양의 폭죽이 터진다. 마치 거대한 거인이 하늘을 성큼성큼 걸어가는 듯한 연출이었다. 이때 등장한 표어가 '대각인大脚印', 우리말로 '큰 발자국'이다.

"큰 발자국, 역사가 우리를 향해 다가온다!"

굉장히 상징적인 구호다. 2008년 베이징올림픽을 통해 중국이 전 세계에 던지는 첫 메시지가 바로 이것이다. 어떤 의미일까? 왜 중국은 21세기를 맞이하는 시점에서 '역사'를 끄집어내는 걸까? 그 의도는 무엇이며 또 그것을 어떻게 이해해야 할까?

중국이 추구하는 종합국력

베이징올림픽을 본격적으로 이야기하기 전에 1990년대 이후, 특히 21세기에 중국이 문화를 통한 외교 혹은 대외 전략을 어떻게 만들었는지 간략하게 살펴보자. 2장에서 중국공산당 제17기 중앙위원회 제6차 전체회의(중공17기6중전회)에서 통과된 〈결정〉이 굉장히 중요한 문건이라 언급한 바 있다. 이 문건에는 중국 정부가 문화를 이해하는 방식이 고스란히 드러나 있다. 그 내용을 그대로 옮긴다.

현재 세계는 대발전·대번영·대조정의 시대에 와 있다. 세계는 다극화되고 경제의 전지구화가 심화되고 있으며, 과학기술은 날로 새로워지고 있고, 각종 사상·문화의 교류·융합·갈등이 갈수록 빈번해지고 있다. 따라서 문화가 종합국력의 경쟁에서 차지하는 지위와 역할이 갈수록 두드러지고 있는 반면 국가의 문화안전을 보호하는 것은 점차 힘들어지고 있다. 국가의 문화 소프트파워를 증강시키고 중화문화의 국제적 영향력을 강화하는 것이 더욱 절박해지고 있다.

이것이 바로 중국 정부가 국가 전략적 측면에서 문화를 인식하는 방식이다. 여기서 우선 눈에 띄는 대목은 '종합국력'이라는 개념이다. 종합국력이란 '한 국가의 능력 발휘에 필요한 제반 수단이나 조건들을 종합적으로 확보 및 활용할 수 있는 능력'이다. '국력'을 넘어 '종합국력'을 사용하는 데는 두 가지 생각이 반영되어 있다. 하나는 군사력이나 경제력 등 전통적인 국력 요소들만 가지고는 한 국가의 진정한 힘을 논할 수 없다는 것이고, 다른 하나는 전체를 구성하는 개별 요소들에서 발견되는 특징과 그것들로 구성된 전체에서 발견되는 특징이 다를 수 있다는 종합주의Holism적 관점이다. 정치학자인 황성돈 박사에 따르면 종합주의적 관점이란 한 국가가 지닌 힘의 크기가 국력 요소들 간의 상호 독립적인 기능 발휘를 통해 결정되기보다는 다양한 국력 요소들 간의 복잡한 인과관계 구조를 통해 결정된다. 즉 1+1=2가 아니라

1+1=a, 즉 2가 될 수도 있고 경우에 따라서는 2보다 작거나 훨씬 클 수도 있다는 생각이 반영되어 있는 주장이라고 한다.

종합국력을 구성하는 요소가 무엇인지는 학자마다 다르게 정의내린다. 예컨대 종합국력이란 개념을 처음 제시한 독일 출신의 미국 국제정치학자 한스 모겐소Hans Morgenthau는 지리적 특성, 천연자원, 산업역량, 군사적 준비성, 인구, 국민성, 국민적 사기 및 애국심, 외교의 질, 정부의 질 등 아홉 가지 요소가 필요하다고 했으며, 예일대학교 교수이자 국제관계연구학자인 브루스 러셋Bruce M. Russett은 국가 역량 요소를 크게 유형적 역량 요소(인구, 천연자원, 국가의 부, 군사역량)와 무형적 역량 요소(정보 및 첩보활동, 외교, 정치지도자의 우수성, 정부기관의 기술과 능률성, 국제사회로부터의 평판, 경제시스템의 질, 사회시스템의 질)로 구분했다.

중국사회과학원은 종합국력을 크게 국력자원(과학기술력, 인력자본, 자본자원, 정보력, 자연자원, 정부통제력), 군사력, 외교력, 경제력으로 구분하고 16개의 하위요소를 기준으로 삼았다. 한국의 한반도선진화재단은 종합국력지수 연구에서 크게 하드파워와 소프트파워로 구분했다. 하드파워로는 기초 국력, 국방력, 경제력, 과학기술력, 교육력, 환경관리력, 정보력을, 소프트파워로는 국정관리력, 정치력, 외교력, 문화력, 사회자본력, 거시변화 대처력을 포함시켰다. 여기서 핵심은 국가의 종합국력을 논할 때 경제력이나 군사력 못지않게 '정신적 요소'가 중요하다는 점이다.

채찍보다는 당근, 소프트파워가 대세다

최근에는 '소프트파워' 혹은 '연성권력'이란 개념이 등장했다. 소프트파워라는 개념을 제기한 하버드 대학 정치학 교수 조세프 나이Joseph Nye 는 권력을 '특정한 목적을 달성하기 위해 상대에게 영향력을 행사하는 것'이라 정의했다. 그는 권력을 행사하는 방식에 다음과 같은 세 가지가 있다고 말한다. 첫째는 채찍을 통한 강제가 있고, 둘째는 당근을 통한 유인, 셋째는 내가 원하는 바를 원하게 만들도록 상대를 끌어들이는 것이다. 나이는 소프트파워란 강제나 보상보다는 사람의 마음을 이끄는 힘을 통해 자신이 원하는 것을 얻는 능력이라고 말한다. 덧붙여 그는 소프트파워의 세 가지 원천으로 문화, 정치적 가치관, 그리고 대외정책을 든다.

1990년대 초반에 제기된 소프트파워 개념은 21세기에 들어 국력의 핵심 개념으로 널리 활용되고 있다. 이런 소프트파워를 가장 잘 활용한 국가는 바로 미국이다. 미국은 냉전 시기에 미국해외공보부를 설립해 문화적 냉전을 벌였다. 이 밖에도 프랑스의 알리앙스 프랑세즈, 영국의 영국문화원, 독일의 괴테협회 등의 기구들은 서구 선진국가들 역시 일찍부터 자국의 문화와 가치

이미지 순위	종합	경제/기업	과학/기술	인프라	정책/제도	전통문화/자연	현대문화	국민	유명인
1	일본 (3)	일본 (1)	일본 (1)	일본 (3)	캐나다 (1)	이탈리아 (2)	미국 (1)	캐나다 (1)	미국 (1)
2	독일 (1)	독일 (3)	미국 (2)	캐나다 (1)	스웨덴 (3)	그리스 (1)	프랑스 (2)	일본 (4)	영국 (3)
3	미국 (4)	미국 (2)	독일 (3)	미국 (4)	독일 (4)	이집트 (3)	캐나다 (3)	스웨덴 (3)	프랑스 (2)
4	캐나다(2)	캐나다 (4)	영국 (5)	독일 (2)	덴마크 (7)	프랑스 (4)	일본 (7)	스위스 (2)	독일 (4)
5	영국 (5)	영국 (6)	캐나다 (4)	스웨덴 (6)	스위스 (2)	스페인 (5)	이탈리아 (6)	핀란드 (6)	이탈리아 (5)
6	프랑스 (7)	스위스 (5)	스웨덴 (6)	영국 (7)	호주 (6)	중국 (6)	독일 (4)	뉴질랜드 (15)	러시아 (6)
7	스웨덴 (8)	프랑스 (8)	프랑스 (8)	호주 (10)	일본 (10)	일본 (8)	영국 (5)	덴마크 (10)	일본 (8)
8	호주 (9)	스웨덴 (7)	스위스 (7)	스위스 (5)	뉴질랜드 (18)	오스트리아 (10)	호주 (9)	네덜란드 (5)	중국 (7)
9	스위스(6)	호주 (9)	한국 (10)	프랑스 (8)	핀란드 (11)	캐나다 (9)	스페인 (8)	오스트리아 (10)	스페인 (9)
10	오스트리아 (10)	중국 (10)	호주 (11)	핀란드 (11)	네덜란드 (5)	아일랜드 (15)	스웨덴 (12)	호주 (11)	오스트리아 (10)
비고	한국19 (19)	한국11 (13)	—	한국19 (20)	한국22 (25)	한국32 (33)	한국20 (21)	한국19 (21)	한국26 (27)

[표20] 2011년 국가브랜드지수 조사 결과 (출처 : 삼성경제연구소, 2012.2.)

를 전파하고 국가 이미지를 높이려고 노력해왔음을 보여준다.

　　물론 우리나라도 국가 이미지를 높이기 위한 기구가 있다. 한국어 교육과 보급을 위해 건립된 세종학당 말고도 2009년 대통령 직속 기구로 설립된 국가브랜드위원회가 있다. 국가브랜드위원회는 국가 차원의 체계적이고 종합적인 전략을 통해 대내외적 국가 위상과 품격을 높이고 국가브랜드 가치를 제고하기 위해 설립됐다고 그 목적을 밝히고 있다. 국가브랜드위원회는 삼성경제연구소와 공동으로 2009년부터 2012년까지 국가브랜드지수를 발표해왔는데, 표20은 2011년 국가브랜드지수 조사 결과다.

표에서 볼 수 있듯이 국가 이미지 종합순위에서 한국은 19위다. 실체 순위° 조사에서 한국의 순위는 15위 정도이므로 국가 이미지가 실체 순위에 미치지 못하고 있음을 알 수 있다. 중국은 더 심하다. 경제적 측면에서 중국은 세계 2위까지 올라섰고 군사력이나 과학기술, 정책·제도 등의 실체 순위 역시 높지만 국가 이미지는 상당히 낮게 평가되고 있다. 많은 사람들이 중국을 여전히 후진국으로 인식하는 이유도 이런 국가 이미지와 밀접한 관련이 있다. 중국 정부 역시 이러한 문제를 심각하게 여기고 있다.

○ **실체 순위** 실체 순위는 스위스 국제경영개발원IMD, 세계경제포럼WEF, 세계은행WB, 유네스코, 노벨상 수상자 수 등 125개 통계자료를 바탕으로, 이미지 순위는 2011년 11월 4일부터 21일까지 26개국 오피니언 리더 13,500명을 대상으로 벌인 설문조사를 토대로 한다. (출처: 〈2011년 국가브랜드지수 조사 결과〉, 삼성경제연구소, 2012.2)

관건은 문화상품

중국의 대외전략과 관련해 첫 장에서 언급했던 '문화안보'의 문제도 다시 상기할 필요가 있다. 1장에서 필자는 '문화정체성' 문제를 언급하면서 21세기 중국의 문화 위기 의식이 과거와 달리 전지구화 및 디지털화와 밀접한 관련이 있으며, 따라서 문화정체성의 내용뿐만 아니라 그것을 형성하는 주체가 누구인지, 그리고 그 주체가 어떻게 변하는지도 주목해야 한다고 강조했다. 다시 정리하자면 21세기 문화정체성은 단순히 전통문화의 원형을 유지하고 소비자와 괴리된 문화를 창조·전시하는 방식으로는 보존하기 어렵다. 뿐만 아니라 정부 주도의 하향식·주입식 방식으로는 디지털 시대의 새로운 문화정체성을 확립할 수 없다. 좀 더 극단적으로 말하자면 이제 문화적 전통 역시 대중이 선택하는 여러 상품 중 하나이며, 대중이 그것을 찾으려면 역시 상품으로서 가치가 있어야 한다.

21세기 중국은 두 가지 과제에 직면해 있다. 하나는 전지구화에 따른 서구 자본주의 국가의 문화적 침투와 확장에 관한 위기를 타파하는 것, 다른 하나는 너무나 낮게 평가되고 있는 중국의 국가 이미지를 제고하는 동시에 소프트파워를 강화해야 하는 것이다. 답은 분명하다. 중국의 전통문화 원형을 글로벌 콘텐츠화하는 능력을 높이고, 이와 관련한 문화산업의 시장 경쟁력을 강화하는 것이다.

　세계화 시대에 외국으로부터 유입되는 문화상품을 전부 막을 수는 없는 노릇이다. 더군다나 서구 자본주의 국가로부터 들어오는 문화상품이 움직이는 장소가 바로 문화시장이다. 중국의 국가 이미지 제고나 소프트파워 강화도 중국 정부가 주도하고 선전한다고 해서 이루어지는 게 아니다. 글로벌 문화시장에서 그 가치를 인정받고 소비자에게 환영받아야 한다. 관건은 문화상품의 경쟁력 강화에 있다.

중국의
해외 진출 전략

중국 정부는 21세기에 '해외 진출'을 국가 전략으로 추진한다. 본래 '해외 진출'은 경제 영역에서 제기된 국가 전략이었다. 2000년 10월 중국공산당 제15기 중앙위원회 제5차 전체회의(중공중앙15기 5중전회)에서는 '10차 5개년 계획'이 발표됐는데, 여기서 중국 정부는 다음과 같은 4대 전략을 제시한다. 즉 서부대개발 전략, 도시화 전략, 인재 전략, 해외 진출 전략이 그것이다. 다시 말해 중국은 10차 5개년 계획을 기점으로 대외개방의 중점을 '해외 수입'에서 '해외 진출'로 전환할 생각이었다.

이러한 중국의 경제 전략은 곧바로 문화 영역에도 적용된다. 2000년에 발표한 중국문화부의 〈문화산업발전 제10차 5개년 계획 강요〉를 보면 '민족 문화자원과 국내 문화시장에 입각해 해외의 우수 문화자원을 적극적으로 이용하고, 국제 문화시장 경쟁에 적극적으로 참여해야 한다'라는 내용이 나온다. 국내와 해외라는 두 시장을 동시에 활용해야 한다는 전략이다. 그래서 '외향형 문화산업', 즉 해외 진출형 문화산업을 적극적으로 추진해야한다고 주장한다.

해외 진출 확대를 위한 중국의 독특한 선택

2002년 7월, 전국 문화청 국장 좌담회에서 중국문화부장 순쟈정孫家正은 대외 문화 교류를 더욱 확대해 해외 진출 전략을 추진해야 한다고 강조한다. 나아가 2003년 중국문화부는 〈문화산업 발전 지원과 촉진에 관한 문화부의 몇 가지 의견〉을 발표하는데, 그 가운데 '해외 진출 발전 전략을 실시한다'라는 항목을 별도로 마련하고 그것을 독려하기 위한 구체적 방안을 다음과 같이 명시한다.

첫째, 수출하는 문화상품과 문화서비스에 혜택을 준다. 둘째, 금융, 보험, 외환, 재정세무, 인재, 법률, 정보서비스, 출입국 관리 등의 분야는 문화산업의 국제 시장 개척에 의한 시장 점유율 확대와 국제 경쟁력 향상에 필요한 조건을 마련해준다. 셋째, 비교적 강한 혁신 능력과 경쟁력이 있는 대형 국유 문화기업을 육성·지원하

고, 강하고 규모 있는 대외문화교류 브랜드를 형성해 우수한 예술
단과 품위 있는 예술전시, 특히 당대 중국의 면모를 반영하는 현대
문화상품을 국제 시장에 선보인다. 넷째, 관리를 규범화하고, 선진
적 기술력을 갖고 있으면서 중국에 우호적인 외국의 유명 문화기
업과의 합작을 확대함으로써 중국의 문화제품과 문화서비스를 국
제 시장에 진출시킨다.

이 내용을 꼼꼼히 보면 해외 진출을 확대하기 위한 중국 정
부의 독특한 방식을 알 수 있다. 첫째로 정부 주도의 해외 진출
확대 방안이라는 점을 꼽을 수 있다. 문화산업 자체의 글로벌 경
쟁력이 미약한 상황에서 정부가 각종 혜택과 서비스를 제공하면
서 문화기업들의 해외 진출을 독려하려는 것이다. 중국은 경제
영역에서 이 방식으로 성공한 경험이 많다. 1990년대 후반 중국
이 수출 주도형 발전 전략을 채택하면서 수출 기업들에게 많은
정책적 지원과 혜택을 부여했고, 이것이 21세기 중국의 급속한
경제성장의 밑거름이 되었다. 물론 이러한 전략은 우리나라도 마
찬가지였다. 실제도 동아시아의 경제 기적을 이룬 국가 대부분은
이런 전략으로 성공신화를 만들었다. 그런데 중국 정부는 문화산
업에도 이 전략을 그대로 적용한다. 그러나 중국과 우리나라의
문화사업 해외 진출은 그 성격이 조금 다르다. 우리나라가 문화

산업 진흥 정책을 추진했던 초기에 수출에 집중했던 이유는 국내 시장의 협소함을 타개하기 위한 전략인 동시에 당시 일어나기 시작했던 '한류'를 통해 세계 시장 진출 가능성을 보았기 때문이다. 이와 달리 거대한 국내 잠재 시장을 보유하고 있고, 국내 시장 개척 역시 중요한 과제이며, 상대적으로 글로벌 경쟁력을 보유하고 있는 국내 기업이 거의 없다는 점에서 중국 정부의 수출 주도형 전략은 경제적 측면보다는 다른 요소, 즉 소프트파워 강화와 같은 대외전략이 더 많이 고려된 것으로 보인다.

사회주의 중국의 국유기업 육성 전략

둘째로는 문화 관련 국유기업을 대형화해 해외 시장 개척의 주역으로 삼겠다는 것이다. 이러한 전략이 바로 여타 자본주의 국가들과 구별되는 중국의 특징이라고 할 수 있다. 1장에서 설명한 것처럼 중국공산당은 국가 건설에서 문화를 정치와 경제 못지않게 중시했고, 사회주의 국가 건설 이후에도 문화를 국가 전략에서 상당히 중요한 위치에 놓았다. 따라서 당 선전부를 중심으로 다양한 문화 관련 단체와 기관들을 조직하고 관리했다. 중국에서 문화는 줄곧 '사업'의 영역이었지 '산업'의 영역이 아니었다. 개혁개방 이후 소위 문화사업을 담당했던 '단위'들이 기업 형태로 전환했지만 중국 정부는 문화기업에 대한 통제권을 놓지 않고 국유기업 형태로 계속 관리했다. 그러니까 중국에서 문화를 담당했던 주체는 대부분 국유기업 형태로 남아 있었다. 이것이 우리나라나 서구 자본주의 국가와는 다른 중국의 독특한 환경이다.

물론 국가발전 과정에서 국유기업의 역할은 논란의 여지가 많다. 특히 후발국의 경우 선진국 경제를 추격하는 과정에서 국유기업의 역할이 대단히 중요하다고 강조하는 학자가 있는 반면 국유기업의 비효율성을 지적하고 민영화해야 한다고 주장하는 학자도 많다. 중국은 문화 영역에 광범위하게 국유기업이 존재하고 있었고, 이러한 국유기업은 중국이 국가 주도형 발전 전략을 추진하는 데 유용하게 활용됐다. 특히 중국은 경제 발전 전략을 수행하면서 국유기업을 대상으로 미리 실험해봄으로써 정책에 대해 검증한 것처럼 문화산업 진흥전략을 추진하는 과정에서도 국유기업을 통해 다양한 정책적 실험을 감행함으로써 민간기업이 초기에 할 수 없는 선도적인 역할을 하도록 했다.

중국은 국유기업의 대형화·규모화를 문화산업 해외 진출의 주요 전략으로 삼았다. 문화산업의 영역에 따라 대기업이 유리할 수도 있고 그렇지 않을 수도 있다. 예컨대 창작이나 기획 분야는 시대 변화에 민감하게 적응하는 능력과 다양성이 더 중요하기 때문에 중소형 기업이 적합한 경우가 많다. 그러나 유통에 있어서는 대기업이 절대적으로 유리하다. 따라서 중국 정부가 국유기업의 대형화를 추진하는 것은 유통을 장악하려는 의도로도 읽을 수 있다. 그리고 그것은 국제 경쟁력 향상에 필수적인 부분이기도 하다. 글로벌 시장을 장악하고 있는 서구의 미디어 그룹과 경쟁하기 위해서 대기업을 육성해야 한다는 논리가 나오는 것이다. 더구나 중국의 국유기업은 어쨌든 중국의 문화자원을 거의 독점하고 있으니 국유기업을 발판으로 글로벌 경쟁력을 강화할 가능성이 없는 것도 아니다. 어쩌면 가장 현실적이고 효율적인 전략인지도 모른다.

문화 수출을 위한 중국의 노력

세 번째는 중국 문화산업의 해외 진출을 위해 해외 유명 기업과의 합작을 추진하는 것이다. 그런데 여기서 중국이 독려하는 해외 합작 파트너는 두 가지 요소를 갖춰야 한다. 하나는 기술력이 뛰어난 기업이어야 한다는 것으로 이는 당연한 논리다. 어쨌든 기술력이 높은 기업과 합작해야만 기술 이전이나 학습 효과를 기대할 수 있기 때문이다. 이는 국내 기업의 기술 경쟁력을 높이기 위한 가장 빠른 방법이다. 그리고 다른 하나는 바로 중국에 우호적인 기업이어야 한다는 것이다. 물론 어느 기업이 중국에 진출하면서, 혹은 중국과 합작하려면서 중국에 우호적이지 않을 수 있을까? 중국에 우호적이라는 말의 의미는 바로 중국 정부, 또는 중국의 정책에 순응하고 따라야 한다는 뜻이다. 이 문제는 뒤에서 다시 살펴보자. 어쨌든 이런 과정을 거쳐 21세기 초 10년간 중국 정부는 문화산업의 해외 진출을 육성하기 위한 다각적인 노력을 기울인다. 주요 내용은 이렇다.

2003년 12월 국가 주석 후진타오는 '전국 선전사상 공작 회의'에서 "대외 문화산업을 발전시켜 적극적으로 국제 문화경쟁에 참여하라"라고 지시한다. 그리고 다음 날 중앙정치국 상무위원 중 한 명이자 문화담당 최고 간부인 리창춘은 "중국 문화 상품의 수출을 지원·독려해 대외 문화 교류의 문화브랜드를 형성하고, 중국 문화상품의 국제 문화시장 점유율을 확대"할 것을 지시한다. 이러한 국가 지도자들의 요구에 부합해 2004년 4월 중국 문화부는 소속기관이었던 중국대외연출공사와 중국대외예술전람중심을 합병해 '중국대외문화집단공사'를 설립한다. 국유기업의 대형화를 추진한 것이다. 이어서 2005년에는 국무원에서 〈문화상품과 수출을 한층 강화하기 위한 의견〉을 발표한다. 같은 해 중국 문화부는 〈상업적 공연·전시·문화상품의 수출을 촉진하기 위한 통지〉를 발표하고, 국제 시장 개척, 국제 합작과 경쟁 적극 참여, 국제 무대에서의 대형 문화 활동을 적극 추진하기로 한다. 이와 함께 중국문화부는 재정부와 연합해 중국 음반영상제품 해외 진출을 위한 전문 기금을 설립한다.

한편 국무원 신문판공실과 국가신문출판총서는 〈중국 도서 대외확대계획〉을 수립하는데 그 목적은 '도서출판을 통해 각국 독자의 중국에 대한 이해와 인식을 바르게 하고, 중국 출판기업의 해외 진출을 통해 중국의 우수 문화를 전파하며, 중국의 문화 소프트파워를 제고시키고자 함'에 있음을 밝힌다. 국가가 주도적으로 중국 도서를 해외에 대량으로 발행하고 뿌리는 일을 추진하기 시작한 것이다.

2006년 국무원은 〈국가 '11차 5개년 계획' 시기 문화발전계획 강요〉를 발표하면서 문화산업의 해외 진출 전략을 대외 문화 교류의 핵심 전략으로 삼는다. 그리고 같은 해 리창춘은 언론에 발표한 글에서 '해외 진출 전략을 실시해 중화문화가 세계로 나가도록 추동'할 것을 주문하고, 이를 통해 '국제적 발언권을 쟁취'할 것을 주장한다. 그리고 이를 위해 '해외의 유명 문화 인사들을 계획적으로 초청해 그들에게 중국 문화를 이해할 수 있는 기회를 제공하고, 그들을 통해 세계에 중국 문화를 소개'하는 방법도 제시한다.

2007년에는 상무부, 외교부, 문화부, 광전총국, 신문출판총서, 국무원 신문판공실 등 6개 부처가 연합해 〈문화상품과 서비

스의 수출을 위한 지도 목록〉을 제정한다. 그리고 27종의 문화
상품과 서비스의 국제 시장 진출을 지원하는 동시에 국가의 문화
수출 중점 기업 표준을 확정한다. 같은 해 중국문화부는 각 지역
의 우수 수출 문화기업, 문화상품과 서비스 항목(공연·전람류)을 추
천받아 9개의 우수 수출 문화기업을 선정하고, 18개의 우수 문화
상품과 서비스 항목을 선정한다. 2007년 말에는 상무부, 문화부
등이 142개의 문화기업과 118개의 문화 항목에 중점 지원할 것
을 표명하고, 중점적으로 지원할 4대 기업을 선정한다. 이 기업들
은 뒤에서 살펴보겠다.

문화외교로 중국이 얻고자 하는 것

2009년에 중국문화부와 중국수출입은행이 양해각서MOU를 체결
하고, 향후 5년간 문화기업에 200억 위안 이상(한화 약 4조 원)의 외환
신용대출자금 제공하기로 결정했다. 이러한 중국 정부의 다각적
인 노력은 확실히 중국 문화산업의 해외 진출을 급격히 성장시켰
다. 2009년 '제5회 선전문화산업박람교역회'에서 중국 상무부는
2008년 중국의 문화상품 수출 총액이 1백58억 4천만 달러(전년대비
22.6퍼센트 성장)에 달했고 수입은 하락했다고 발표한다. 더불어 최대
수출국은 미국으로 집계되었다. 또한 2009년 중국 정부가 발표한

〈문화산업진흥계획〉에서 '문화상품과 서비스 수출 확대'를 5대 목표 중 하나로 설정했다.

2009년 우리나라 외교통상부는 〈한국의 문화외교 강화를 위한 추진 전략 및 지역별 차별화 방안〉이란 보고서를 작성하고 중국 문화외교의 특징을 다음과 같이 분석한다.

첫째, 중국의 문화외교는 21세기 강대국화를 위한 새로운 외교 전략의 모색 및 시도라 할 수 있다. 즉 개혁개방 이후의 종합국력의 증대와 세계적 영향력 및 국제위상의 제고를 기반으로 전 세계와의 문화교류 및 유대를 통해 상호연계를 강화하고 상호 이해증진과 협력 확대를 꾀하고자 하는 중국 문화의 해외 진출 전략이다.

둘째, 국제사회에서 중국의 긍정적 이미지를 구축하려는 시도라고 평가할 수 있다. 다시 말해 문화외교를 통해 중국의 부상에 따른 '중국위협론'에 대응하는 한편 국제사회에서 중국의 문화적·국가적 흡인력을 높여 타국의 정책 및 국제 업무에 영향을 끼쳐 중국이 희망하는 결과를 얻으려는 소프트파워 외교라고 할 수 있다.

셋째, 중국에 유리한 평화·발전의 외부환경을 적극적으로 창출하려는 수단이다. 즉 중국 문화와 국제 문화와의 교류 및 소통을 강화함으로써 중국 문화의 이념 및 가치 등이 국제사회의 주요 행위를 규정하는 공통된 규범과 준칙 그리고 제도에 반영될 수 있도록 장기적 비전을 갖고 있다.

넷째, 주변국을 문화적으로 통합시켜 서방문화 특히 미국 문화의 패권을 견제하고자 하는 의도가 있는 것으로 평가되기도 한다.

중국의 이러한 중국 문화 해외 진출 전략은 공익적인 대외 문화교류 사업과 문화산업 영역 모두를 포함하고 있다. 우선 중국은 개발도상국들에게 과거 선진국들과 마찬가지로 공적개발원조ODA°의 일환으로 지원을 하고 있는데 중국과 개발도상국과의 인력자원 개발 협력 강화를 통한 인재 육성, 민간문화 교류활동 및 국제학술 교류활동 등이 추진되었다. 예를 들면 2000년부터 중국과 아프리카 국가들 간에 기술 인력의 파견과 교류 프로그램이 이루어졌고, 중국과 러시아 간에도 '우호주간 · 문화주간' 등의 문화 활동, 그리고 중국과 중남미 국가 간에도 예술단 공연과 전람회 등이 열렸는데, 이러한 활동은 중국의 영향력 강화에 긍정적 역할을 했다고 평가받았다.

○ **공적개발원조** 선진국의 정부 또는 공공기관이 개도국의 경제 · 사회발전과 복지증진을 주목적으로 하여 개도국(또는 국제기구)에 공여하는 증여grant 및 양허성 차관을 말한다. 정부개발원조라고도 한다.

거대 자본과
문화시장

중국 문화산업의 해외 진출 사례를 몇 가지 살펴보자. 2004년 중국에서 출간된 장룽姜戎의 소설《늑대 토템》은 2005년 8월 30일 영국 펭귄출판사와 전 세계 영문 판권을 계약한다. 선지급 인세 10만 달러에 인세 10퍼센트가 계약 조건이었다. 이것은 지난 20년간 중국에서 출간된 단행본 판권으로는 최고 액수이며, 중국 도서 중 처음으로 전 세계 영문 판권을 계약한 것이다.《늑대 토템》은 현재까지 중국 대륙에서만 300만 권이 팔렸고, 전 세계 110여 개 나라에 30여 종의 언어로 번역·소개되었다. 물론 우리나라에도 번역돼 나왔다. 필자는 이 소설 콘텐츠에 많은 흥미를 갖고 있다. 왜냐하면 이 소설은 중국의 네이멍자치구가 배경이며, 소재로 삼은 늑대 토템 역시 몽골 민족의 문화적 전통이기 때문이다. 문화대혁명 기간에 한족인 주인공이 네이멍구 지역으로 '하방°'되어 그곳에서 생활하면서 경험하는, 늑대를 둘러싼 몽골인들의 초원 문화에 관한 이야기다. 말하자면 중국의 주류 문화인 한족문화가 아니라 소수민족 중 하나인 몽골의 초원에 관한 이야기가 글로벌 콘텐츠로 인정받았다는 점에서 특기할 만한 작품이다.

이 소설이 중국의 대내외에서 인기를 끌자 중국 영화계 최대의 국영기업인 중국영화그룹은 이 소설을 영화화하기로 결정하고 프랑스의 저명한 감독 장자크 아노에게 메가폰을 맡겼다. 또한 영화 제작에 약 7억 위안(한화 약 1천4백억 원) 정도를 투자했다고 전해졌다. 물론 중국에도 세계적으로 유명한 감독들이 많다. 그런데도 장자크 아노에게 감독을 맡긴 것은 이 영화가 글로벌 시장을 목표로 만들어지고 있다는 사실을 분명히 드러내기 위해서다. 중국 문화산업 해외 진출의 성공적 모델을 만들고 싶었던 것이다.

한편 만화가 궈징슝郭竟雄은 중국인으로는 처음으로 2006년 제33회 앙굴렘 국제만화페스티벌에서 조직위원회 특별상을 수상하고, 프랑스의 솔레이 출판사와 100만 달러에 달하는 판권 계

○ **하방** 1975년부터 중국에서 상급 간부들의 관료화를 막기 위해 실시한 운동. 간부들을 농촌이나 공장으로 보내 노동하도록 함으로써 관료주의나 종파주의를 극복하려는 목적으로 실시했다.

약을 체결했다. 그러나 중국 정부가 원했던 중국 문화 해외 진출 전략의 정점은 2012년 작가 모옌莫言이 찍는다. 바로 중국 최초로 노벨문학상을 수상한 것이다. 그동안 중국인 중 아홉 명이 노벨상을 수상하긴 했으나 모두 다른 나라 국적의 화교들이었고, 2000년에 노벨문학상을 수상한 까오싱젠高行健은 프랑스로 망명한 작가였으며, 2010년 노벨평화상을 수상했던 류샤오보刘晓波는 중국 정부가 수상을 반대했고 지금도 여전히 수감 상태에 있다. 그러니까 모옌은 중국 국적이면서도 중국 정부가 원한 첫 번째 노벨상 수상자인 셈이다. 우리에게도 널리 알려진 그의 대표작《붉은 수수밭》은 1988년 장이머우 감독에 의해 동명의 영화로 제작되어 베를린 국제영화제 황금곰상을 수상하기도 했다.

베이징에서 런던까지, 중국 공연 역사상 최고 수입을 올리다

중국 문화 해외 진출 전략의 핵심 주체는 바로 기업이다. 대표적인 기업이 바로 중국문화부가 산하기구를 합병해 설립한 '중국대외문화그룹공사'다. 중국국무원이 비준한 첫 번째 대형 국유문화기업이자 전국 문화체제 개혁의 시범기구인 중국대외문화그룹공사의 주된 사업은 공연, 예술전시, 문화관광, 도서·음반영상·정기간행물 출판 등이다. 특히 이 기업은 중국 최대의 공연·전시 수입상인 동시에 세계 최대의 중국 공연 제공 기업이기도 하며 베이징에서 가장 영향력 있는 문화체육 입장권 판매 사이트(www.t3.com.cn)를 운영하기도 한다. 이 기업은 〈소림웅풍〉, 〈태극시공〉 등의 공연을 상연하는데 매년 해외 관중이 1천만 명을 상회한다. 이 밖에도 '중국-프랑스 문화의 해', '미국-중국문화제', '중국-러시아 국가의 해', '중국 국제 합창제', '아시아 예술제' 등 국가가 주최하는 대형 행사를 기획·운영한다.

또 다른 기업으로 '천창국제연예제작교류유한공사'도 주목할 만하다. 이 기업은 전문극장, 공연단, 첨단 무대설비, 공연제작단, 풍부한 관리 경험을 보유하고 있는 중국의 A급 공연 기업이다. 이 기업의 가장 대표적인 공연인 〈쿵푸전기〉는 베이징에서 6년 넘게 무대에 오르고 있으며 미국, 캐나다, 일본, 러시아, 영국 등 순회공연만 6백여 회, 총 공연 횟수는 5천 회를 넘어서고 있다. 특히 미국의 금융위기를 틈타 2009년에 미국 미주리 주 브랜슨 시에 있는 '화이트하우스 극장'을 354만 달러에 매입해 중국 공연산업의 미국 진출 교두보를 확보하기도 했다. 이들의 계획에 따르면 초기 운영에 550만 달러를 투입해 매년 600회의 중국 공연을 진행할 예정이라고 한다. 실제로 2010년 7월 1일부터 11월 30일까지 〈쿵푸전기〉 공연을 236회 진행했고 미국 순회공연도 꾸준히 이어가고 있다.

〈쿵푸전기〉의 한 장면 | 〈쿵푸전기〉는 중국 전통문화를 소재로 세계 시장을 겨냥해 기획과 제작, 수출에 성공한 대표적인 성공 모델이다. 전 세계적으로 약 5천 회가 넘는 공연 횟수, 해외 수출된 중국 공연 가운데 매회 가장 높은 평균 수입을 기록하고 있다. (출처: 연합뉴스)

〈쿵푸전기〉의 제작 과정은 중국 문화의 전형적인 세계 진출 사례를 보여준다. 2004년 처음 공연을 기획할 때부터 천창공사는 브로드웨이 공연 모델을 도입한다. 특히 2007년에는 브로드웨이 감독에게 위탁해 글로벌 시장 수요에 맞도록 공연 내용을 대폭 수정했고, 2009년에는 캐나다와 합작으로 영국 런던대극장에서 27회의 연속 공연을 성공적으로 진행한다. 영국에서의 공연은 평균 좌석점유율 60퍼센트 이상에 평균 수입은 매회 4만 8천 달러였는데 이것은 해외에 수출된 중국 공연 가운데 가장 높은 수익이었다. 종합하면 〈쿵푸전기〉는 중국이 세계 시장을 겨냥해 상업적으로 성공을 거둔 가장 대표적인 사례다. 중국의 전통문화를 소재로 국제적으로 검증된 전문가를 영입해 기획과 제작에 참여하게 하고, 세계 주류 공연시장인 영국 진출을 위해 캐나다와 합작을 비롯해 미국, 일본으로의 시장 확장을 위해 중국수출입은행으로부터 100만 달러의 정책적 금융 지원을 받는 등 중국이 자신의 약점을 극복하면서 글로벌 시장에 신속하게 진입하기 위한 가장 효과적인 전략적 선택이었다.

이밖에도 베이징P&T환구문화전매투자유한공사, 상하이성시무도유한공사 등이 글로벌 콘텐츠 제작, 투자, 운영 등을 직접 수행하는 대표적인 기업이다. 중국 공연산업의 해외 진출을 전체적으로 살펴보면, 2009년 해외에서 진행된 중국 공연은 모두 4백26개(1만6천3백73회)로 수입은 1천3백28만 달러에 달했고, 2010년에는 3백4개(2만5천9백8회)에 2천7백66만 달러, 2011년에는 1백26개(8천90회)에 3천1백72만 달러의 해외 수입을 기록한다. 자세히 보면 공연 횟수는 감소하지만 수입은 오히려 증가하는 양상을 띠고 있음을 알 수 있다. 이것은 중국 공연 콘텐츠의 가치가 점차 상승하고 있으며, 중국 공연의 시장 운영 능력이 갈수록 향상되고 있는 것으로 해석할 수 있다.

전 세계 영화시장의 10퍼센트를 장악하다

확실히 중국 공연산업은 세계적으로 경쟁력이 있는 듯하다. 중국의 전통문화적 요소와 고난도의 서커스 기술이 결합한 이들 공연은 특히 서구 시장에서 많은 환영을 받았다. 그런 와중에 전 세계 영화시장을 장악하고 있는 할리우드를 향해 도전장을 내민 기업도 있다. 바로 '완다원선'이다. 부동산 회사인 완다그룹이 세운 이 기업은 2004년부터 거액을 투자해 영화관 사업에 참여하기 시작했는데 성장 속도가 경이롭다. 2005년 중국 내 시장 점유율 1퍼센트에 영화관 체인점 순위 37위였던 완다원선은 불과 3년이 지나지 않아 국내 시장 점유율 15퍼센트에 영화관 체인점 순위 1위로 부상한다. 중국 영화시장의 급격한 성장을 타고 엄청난 투자를 감행했기 때문이다. 완다원선의 투자는 국내에만 그치지 않았다. 2012년에는 미국의 AMC를 26억 달러에 인수하면서 영화관 5백 개, 스크린 6천여 개를 확보해 전 세계 영화시장의 10퍼센트를 장악하게 된다. 이것이 바로 중국의 독특한 해외 진출 전략이다. 세계 영화시장에서 경쟁력을 확보하기 위해서는 무엇보다 영화 콘텐츠의 개발이 중요하지만 그러기 위해서는 많은 경험과 시간이 필요하다. 따라서 거액의 자본을 투자해 우선 영화산업 가치사슬의 핵심 영역인 유통 분야를 장악하겠다는 방식이다.

세계적인 영화관 체인망을 구축한 완다원선은 2013년 9월

총 투자금 약 9조 원에 달하는 세계 최대 규모의 영화산업 프로젝트를 발표한다. 중국 칭다오에 구축될 이 시네마파크에는 '칭다오 오리엔탈 무비 메트로폴리스'라는 이름이 붙었다. 이 시네마파크의 기공식에 중국의 중앙정부와 칭다오 시정부, 중국영화협회뿐만 아니라 미국 영화아카데미, 소니, 워너브라더스, 유니버셜스튜디오, 파라마운트, 라이온스게이트 등 글로벌 영화제작사들의 경영진과 WME, UTA, CAA, ICM 등 세계 4대 매니지먼트 기업들이 참석했다. 기공식에서 완다원선은 이들 영화제작사들과 각각 양해각서를 체결했는데, 시네마파크가 완성되면 매년 30편 이상의 외국영화를 이곳에서 촬영할 것이며, 이날 참석한 50여 개의 중국 로컬 제작사들과는 매년 최소 100편의 영화를 제작한다는 것이 그 내용이다. 더구나 2016년부터 시네마파크에서는 매년 개최하는 '칭다오 국제영화제'에 미국 영화아카데미가 참여하기로 협의했고, 4대 글로벌 매니지먼트사는 매년 30명의 정상급 글로벌 스타들과 감독들을 참석시키겠다고 약속했다. 미국 영화아카데미가 해외 영화제와 합작한 사례는 이번이 처음이라고 한다. 완다그룹의 왕젠린王健林 회장은 언론과의 인터뷰에서 "2018년이면 중국의 입장권 판매액이 미국을 뒤따를 것이고, 2023년이면 북미 지역 판매액의 두 배를 넘어설 것"이라며 "세계 영화사들 중 중국과 먼저 손을 잡는 업체들이 성공을 거두는 세상이 될 것"이라 자신했다고 한다.[7] 가공할 만하지 않은가?

전폭적인 지원으로 동남아시아 틈새시장 공략

기업들의 해외 진출과는 별개로 중국 정부 역시 중국 문화의 해외 진출을 위한 전략적 행보를 진행하고 있다. 동남아시아국가연합 ASEAN과 진행하고 있는 '중국-아세안 문화산업 포럼'이 대표적이다. 2004년 시작한 이래 매년 개최되고 있는 이 포럼에서 중국은 2005년 〈중국-아세안 문화합작〉 양해각서를 체결했고, 2006년에는 〈난닝南寧선언°〉에 합의했으며, 2008년에는 '중국-아세안 문화산업상호계획'을 체결했다. 중국이 동남아시아 국가들의 문화산업 발전을 전폭적으로 지원하고, 이들과의 합작을 통해 공동 발전을 모색하겠다는 것이다. 여기에는 아세안 국가들이 거대한 시장 잠재력에 비해 아직은 산업이 초보적 단계에 머물러 있어서 장기적 관점에서 시장을 선점하려는 의도도 있겠지만, 중국이 판권 무역과 영화 수출입 등의 분야에서 더욱 확실한 개방 정책을 실시해 중국의 성장에 대한 아세안 국가들의 경계심을 제거하려는 것도

○ **난닝선언** 2006년 제3회 중국-아세안 문화산업 포럼에서 채택된 선언으로 중국과 아세안 국가의 문화산업 발전을 위한 포괄적인 협력을 다룬다.

역사가 '우리'를 향해
다가온다

중요한 목적으로 보인다. 물론 궁극적으로는 동남아시아 지역에서 중국의 소프트파워를 강화시키겠다는 의도일 것이다.

2008년 중국 난닝에서 개최된 '중국-아세안 문화산업박람회'에서는 국제 합작 프로젝트 투자액이 2백86억 달러에 달했고, 2008년 북경에서 폐막된 '중국-아세안 방송합작포럼'에서는 중국, 동티모르, 라오스, 미얀마, 태국, 베트남 등 6개국 방송국이 공동으로 다큐멘터리를 제작하는 데 합의했다. 중국의 이러한 전략은 미국이 여러 무역협정에서 약소국들에게 서비스 및 저작권 분야에 대해 과도한 개방을 요구하는 모습과 상당히 대조적이라 할 수 있다.

중국의 이러한 행보는 우리에게도 시사하는 바가 크다. 21세기에 '한류'가 아시아를 휩쓸고 있다고 자랑하면서도 아시아 지역의 문화 혹은 문화산업 발전을 위해서 우리가 어떤 협력과 기여를 하고 있는지에 대해서는 의문의 여지가 많다. 동남아시아 국가들도 중국의 의도를 모르지 않을 것이다. 하지만 이 국가들도 '한류'라는 외국 문화상품의 유입에 위기의식을 느끼고 있을 테고, 이를 극복하기 위해 자국의 문화산업을 발전시키려는 필요성을 절박하게 깨닫고 있을 것이다. 이런 시점에서 중국과 동남아시아의 이해가 맞아 떨어졌다고 볼 수 있다.

중국에 아부하는 세계

중국 정부는 중국 문화의 해외 진출을 독려하는 것 못지않게 해외 문화상품의 중국 내 수입을 엄격한 잣대로 규제하고 있다. 다음은 중국의 외국 문화상품 수입 금지 내용이다.

① 중국 헌법에 기록된 기본원칙에 위배되는 내용.

② 중국의 국가통일과 주권 그리고 영토 완전성에 위해를 가하는 내용.

③ 중국의 국가기밀을 누설하고, 국가안전을 위협하며, 국가명예를 훼손하고 이권을 침해하는 내용.

④ 중국 각 민족 간의 복수심과 민족적 차별을 선동하고, 민족 간의 단결을 방해하며, 중국민족의 미풍양속과 생활습관을 해치는 내용.

⑤ 사이비 종교와 미신을 전파하는 내용.

⑥ 중국의 사회질서를 해치고, 사회 안정을 파괴하는 내용.

⑦ 외설, 도박, 폭력을 선양하고, 범죄를 부추기는 내용.

⑧ 타인을 모욕·비방하고, 타인의 합법적 권익을 침해하는 내용.

⑨ 중국사회의 공중도덕을 파괴하고, 중국민족의 우수한 문화와 전통을 해치는 내용.

⑩ 기타 중국 법률, 법규, 규정에 위배되는 내용.

이 내용에서 무엇이 문제일까? 바로 여기에 제시된 기준이 대단히 자의적으로 해석될 수 있다는 점이다. 도대체 어디까지 가능하고 어디까지 가능하지 않은지 도무지 가늠하기 어렵다. 과거 중국의 문화시장 규모가 크지 않았을 때에는 이런 규제 정책은 외국 기업들에게 그다지 영향을 미치지 못했다. 위에 제시한 중국의 문화상품 수입 금지 내용은 중국 국내에서도 문화상품을 제작할 때 동일하게 적용되는 심사 기준이다. 따라서 과거에는 이런 규제들이 주로 국내 창작자들의 창의성을 억압한다는 이유로 주목을 받았다. 그러나 중국의 문화시장이 급속히 커지면서 위와 같은 문화상품 수입 금지에 관한 내용은 외국의 기업들에게도 큰 영향을 미치게 되었다. 2012년 6월 13일자 〈한국일보〉는

'할리우드도 중국에 아부'라는 제목으로 기사를 게재했는데, 내용을 살펴보면 최근 할리우드 영화사들의 달라진 모습을 엿볼 수 있다. 다음은 그 내용이다.

2012년 3월 미국에서 개봉한 로맨틱 코미디 영화 〈새먼 피싱 인 더 예맨〉에는 뛰어난 기술을 가진 중국인 수력발전 전문가가 등장한다. 본래 원작 소설에는 없는 인물이다. 인류 멸망을 다룬 미국의 재난 영화 〈2012〉에서는 미국 대통령이 중국인들의 예지 능력을 치켜세운다.

한때 할리우드 영화에 단골로 등장하던 중국인 악당은 이제 더 이상 나오지 않는다. 반대로 중국에 대한 긍정적 묘사가 부쩍 늘어나고 있다. 〈LA타임스〉는 할리우드의 중국에 대한 아부가 뚜렷해지고 있다고 12일 전했다.

할리우드의 중국 구애 수법은 다양하다. 〈새먼 피싱 인 더 예맨〉처럼 원작에 없는 훌륭한 중국인을 만드는가 하면, 원래 있던 사악한 중국을 빼기도 한다. 영화제작사 MGM은 1984년에 나온 영화 〈붉은 새벽〉을 리메이크하면서 미국을 공격하는 국가를 중국에서 북한으로 바꿨다.

중국을 배경으로 하는 장면도 잦아졌다. 중국 자본이 투자된 〈아이언맨 3〉의 일부 장면은 중국에서 촬영될 예정이다. 〈007 스카이폴〉에서 제임스 본드는 상하이를 배경으로 활약을 펼친다.

중국 정부의 검열을 의식해서 영화사가 자발적으로 '가위질'도 한다. 소니는 〈맨 인 블랙 3〉의 중국 개봉을 앞두고 뉴욕 차이나타운 식당 점원을 외계 괴물로 묘사한 장면 등 중국에 대한 부정적 묘사를 삭제했다.

할리우드 관계자는 "외국의 검열이 할리우드 영화 제작에 이처럼 깊게 영향을 미치는 것은 처음 있는 일일 것"이라고 〈LA타임스〉에 말했다.[8]

사실 냉전 시기 세계 영화 시장을 장악했던 할리우드 영화들은 소련과 중국 등 사회주의 국가들을 '악의 축'으로 묘사했다. 이런 것들이 이들 국가의 이미지를 상당히 나쁘게 만든 것도 사실이다. 이제 중국 정부는 단호하게 말한다. 중국을 부정적으로 묘사하는 어떤 문화상품도 중국에 들어올 수 없다고 말이다. 그리고 세계 최대의 문화시장으로 성장하고 있는 중국의 이러한 요구를 글로벌 기업들은 이제 더 이상 무시할 수 없게 되었다.

2008 베이징올림픽과
중국의 자부심

자, 이제 베이징올림픽을 얘기해보자. 혹시 베이징올림픽 개막식을 보았는가? 올림픽 개막식은 개최국의 문화적 역량을 살필 수 있는 대단히 중요한 척도다. 일반적으로 개최국은 올림픽 개막식을 준비하면서 자국의 문화 자원과 기술 수준을 전 세계에 보여주기 위해 많은 노력과 자금을 쏟아붓는다. 그리고 사람들은 올림픽 개막식을 보고 그 나라를 인식하기도 한다. 따라서 일반 공연과는 달리 국가적 역량을 총동원한다. 특히 베이징올림픽은 중국 문화에 관심이 있는 우리나라 학자들에게도 큰 주목을 받은 대회였다.

쿠베르텡 남작의 제안으로 시작한 근대 올림픽은 고대 올림픽을 계승한다는 의미에서 제1회 대회를 그리스 아테네에서 개최했다. 1896년의 일이다. 중간에 우여곡절도 있었지만 기본적으로 4년에 한 번 도시를 옮겨 개최하고 있다. 지난 20세기 1백 년 동안 전 세계의 도시를 돌면서 올림픽이 개최되었고, 2000년 시드니올림픽을 끝으로 한 세기를 마감했다. 그후 21세기 올림픽이 시작됐다. 물론 시작은 다시 아테네였다. 2004년 아테네에서 열린 올림픽은 바로 21세기의 새로운 시작을 의미하는 것이었다. 따라서 21세기 올림픽의 본격적인 시작은 2008년 베이징올림픽이라고 해도 무방하다. 그리고 여기에 우리는 많은 의미를 부여할 수 있다. 다소 견강부회하는 느낌이 없진 않지만 올림픽은 흥미로운 점이 많은 세계 대회다. 상상력을 발휘해보자.

도쿄에서 서울로, 그리고 서울에서 베이징으로

올림픽은 단순한 체육행사만은 아니다. 앞서 말했듯 올림픽은 국가의 역량이 총동원되는 대규모 행사다. 막대한 자금이 투입되고 또 그 이상의 기대 효과가 있는 만큼 올림픽 유치를 위한 국가들의 경쟁은 대단히 치열하다. 20세기의 올림픽은 확실히 20세기적 가치가 중심이 되었다. 올림픽의 3대 구호인 '더 빨리, 더 멀리, 더 높이'에 모든 가치를 부여한 것이다. 이것은 산업혁명 이후부터 전 세계를 지배해온 서구 근대화의 기본 가치다. 20세기에 열린 올림픽은 모두 이 가치를 위해 경쟁했다. 그러나 20세기 후반에 들어서면서 이들 가치에 회의를 느끼고 이 가치가 인류의 행복에 과연 어떤 역할을 했는지 의심하는 분위기가 만들어졌다. 그러면서 21세기에는 새로운 가치가 필요하다는 요구가 끊임없이 제기되었다. 이른바 '아시아적 가치'가 거론되는 것도 이러한 시대적 요구와 관련이 있다.

물론 아시아에서 올림픽이 개최된 것은 베이징올림픽을 포함해 모두 세 차례뿐이다. 아시아에서 처음으로 올림픽을 개최한 곳은 1964년 일본 도쿄였다. 두 번째가 1988년 서울올림픽이다. 다시 말해 도쿄(일본)에서 서울(한국)로, 서울(한국)에서 베이징(중국)으로 이어진 것이다. 각 대회 간 기간 역시 20여 년 정도로 비슷하다. 이것은 아시아에서 이들 국가가 산업화 또는 근대화를 통해 중진국으로 격상하는 시점이다. 따라서 제2차 세계대전 이후 일본, 한국, 중국의 근대화는 각각 20년 정도의 격차가 있다고 볼 수 있다. 이들은 올림픽을 통해 자국의 위상을 한 단계 격상시키려 했으며 또 전 세계를 향해 우리도 이만큼 잘살게 되었다는 것을 과시하려 했다. 그러나 베이징올림픽이 앞선 두 올림픽과 다른 것은 도쿄와 서울의 올림픽이 20세기 패러다임 속에서 진행되었다면 베이징올림픽은 이와 다른 패러다임을 모색할 수 있는 시점, 그러니까 21세기에 개최되었다는 점이다. 베이징올림픽이 이런 시대적 의미와 가치를 염두에 두었을까?

공자의 나라에서 내세운 '인문' 올림픽

필자는 베이징올림픽 역시 이러한 시대적 의미와 가치를 고민했다고 본다. 그것은 무엇보다 베이징올림픽의 3대 이념에 잘 나타나 있다. 2001년 7월 베이징이 올림픽 개최지로 결정되자 중국은 베이징올림픽 3대 이념°을 제시한다. 바로 녹색綠色, 과기科技 그리고 인문人文이다. 여기서 가장 흥미로운 것이 바로 '인문 올림픽'이라는 이념이다. 알다시피 올림픽이란 대회 자체가 본래 휴머니즘을 핵심적인 가치로 함유하고 있다. 그렇다면 중국이 제시한 '인문' 올림픽이란 대체 무엇일까? 영어로 번역하면 휴머니즘이지만 중국이 제시한 개념은 원어로 '인문人文'이었다. 이것은 확실히 서구적 휴머니즘과 같으면서도 또 다른 개념을 의도한 것이라 할 수 있다.

인문을 베이징올림픽의 이념으로 제시하면서 중국에서는 인문 올림픽과 관련한 여러 연구가 진행된다. 대체로 올림픽 정신에 나타난 서구의 휴머니즘이 중국의 전통 인문 정신과도 일치한다는 점을 강조하는 입장이 많았다. 다시 말해 중화 민족의 전

○ **베이징올림픽 3대 이념** 녹색Green Olympics은 환경보호 · 자원보호 · 생태 평형의 보호를 통한 지속가능한 발전의 의미를, 과기Scientific Olympics는 국내외 최신 과학기술의 성과를 집적 · 응용한다는 의미를, 그리고 인문Humanistic Olympics은 휴머니즘 구현의 의미를 지닌다.

통문화 가운데 심오한 인문 정신이 포함돼 있다는 것이다. 그러니까 올림픽 정신이란 서구의 새로운 무언가가 아니라 중국 전통 문화 가운데 이미 있다는 뜻이다. 예를 들면 《주역》에 다음과 같은 구절이 등장한다.

"剛柔交錯, 天文也. 文明以止, 人文也. 觀乎天文, 以察時變. 觀乎人文, 以化成天下." (강유교착, 천문야. 문명이지, 인문야. 관호천문, 이찰시변. 관호인문, 이화성천하)

풀이를 해보면 "음양이 서로 균형과 조화를 이루는 것은 천체의 운행현상(천문)이요, 문명이 그 정도를 지나치지 않는 경지에 머무르게 하는 것이 인문이다. 천문을 보고 천시의 변화를 살피며, 인문을 관찰해 천하를 교화한다"라는 뜻이다. 그러므로 리렌성李連生은 '인문 올림픽'의 의의는 '인류 사회의 인문 정신을 중건하고 사회에 인문 정신의 회귀를 촉진하는 데 있다'라고 밝힌다.

이러한 인문 정신을 바탕으로 2002년 3월 베이징 시정부와 베이징올림픽 조직위원회는 공동으로 〈베이징올림픽 행동 계획〉을 발표한다. 전체적인 구상 가운데 특히 문화 분야의 구체적인 내용은 표21과 같다.

여기서 전략 목표를 '문화활동은 중화문명의 무궁한 매력을

전략목표: 문화활동은 중화문명의 무궁한 매력을 체현하고,
동서방 문화 교류와 융합의 무대가 되도록 함

총체전략 구상		
올림픽경기장 및 관련시설 건설	문화환경 건설	중국전통문화 전시 -> 올림픽정신에 새로운 함의 주입
		올림픽 문화 주체 활동 개최
	안전위생환경 건설	현대화 문화설비 건설 및 개조
생태환경과 도시기초설비 건설		역사문화 도시면모 보호 및 전시
		양호한 문화관광 환경 창조
	법제환경 건설	신문매체 보도를 위해 양호한 조건 제공
사회환경 건설		민족단결 증진
전략보장체계	시민소질 건설	올림픽 교육활동, 문명시민 건설, 양호한 언어환경, 자원봉사자 조직 등

[표21] 베이징올림픽 행동 계획(2002)

체현하고, 동서방 문화 교류와 융합의 무대가 되도록 한다'라고
설정했다. 그 내용을 좀 더 구체적으로 살펴보자.

① 올림픽 정신을 보급하고 중화민족의 우수한 문화를 선양한다.

② 베이징의 역사문화적 도시 이미지와 시민들의 양호한 정신을
보여준다.

③ 중화문화의 교류와 융합을 추동하고 각국 인민 간 이해·신
뢰·우정을 심화한다.

④ '인간본위[以人爲本, 이인위본]'를 핵심으로 올림픽에 상응하는 자연·인문환경을 조성하고 양질의 서비스를 제공한다.

⑤ 다채로운 문화교육활동을 전개하고, 전체 인민의 정신문화생활을 풍부하게 하며, 청소년의 전면적 발전을 촉진한다.

⑥ 전국 인민의 광범위한 참여를 기초로 문화체육사업의 번영과 발전을 추진해 중화민족의 응집력과 자부심을 증강한다.

그렇다면 인문 올림픽을 통한 동서방 문화의 교류와 융합은 어떻게 가능할까? 리롄성은 그것이 중화 전통의 소환과 전시로 실현된다고 주장한다. 그의 말을 인용해보자.

"동서방 문화의 융합과 교류는 중화민족의 유구한 역사·문화의 전시로 실현된다. 즉 사람들에게 동방문화에 대한 인식을 촉진시켜야 한다. 왜냐하면 오랫동안 서방문화가 강세를 점하고 있었고 동방문화는 세계에 전시될 기회가 없었기 때문이다. 중국 베이징의 역사·문화를 전시해 서방이 동방을 이해할 수 있도록 하는 플랫폼을 구축해야 한다. 이 플랫폼은 1백여 년의 동서양 문화 교류와 대화의 불평등을 바꾸는 역할을 할 것이다."

베이징올림픽 개막식은 왜 불편했나

확실히 중국 정부는 베이징올림픽 준비에 국가 역량을 총동원했다. 특히 베이징올림픽 개막식 준비에 심혈을 기울였다. 전체 기획과 연출은 중국이 낳은 세계적인 영화감독 장이머우가 맡았다. 그들은 21세기 새로운 올림픽의 시대를 여는, 아시아에서 열리는 올림픽을 통해 인류에게 어떤 메시지를 던졌을까?

명대와 청대 자금성을 둘러싸고 있던 성곽들은 현재 제2순환도로가 되었지만 명대 이후 현재까지 자금성을 중심으로 한 베이징 중심가의 지도는 크게 변함이 없다. 확실히 베이징은 중국의 수도이면서 중국 역사를 상징하는 도시라 할 수 있다. 베이징 올림픽 경기장을 지도에서 살펴보면 자금성의 북쪽에 올림픽 주경기장이 놓여있다. 앞에서 베이징올림픽 개막식 카운트다운이 발자국 모양의 폭죽으로 연출되었다고 했는데 그 시작이 바로 자금성 남쪽 성문이었다. 거기서부터 북쪽의 올림픽 주경기장으로 거대한 발자국이 하늘에서 성큼성큼 걷는 모습을 연출한 것이다. 실제로는 자금성 남쪽 출발점에서 한 번, 올림픽 주경기장에서 한 번 폭죽을 터뜨리고 중간 부분은 모두 컴퓨터그래픽으로 처리했다고 한다. 어쨌든 자금성에서 출발한 발자국이 주경기장에 도착하면서 개막식이 시작된다. 그리고 전 세계 관중들에게 '역사가 우리를 향해 다가온다!'라고 선언한다. 세계문명 발상지 중

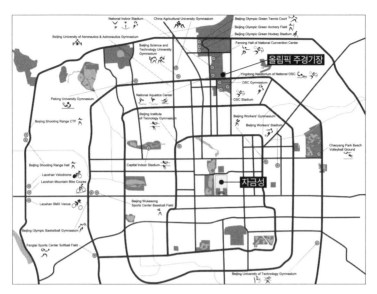

베이징올림픽 경기장 지도 | 자금성의 북쪽이 베이징올림픽 주경기장이다.
올림픽 개막식 카운트다운 폭죽은 중국문명의 상징적 건물인 자금성 남쪽에서 출발해
주경기장에 도착했다. (출처: ⓒ①ⓞ Xander89)

하나로 거론되는 중국문명, 그 상징적 건물인 자금성으로부터, 그것도 중국에서 발명된 세계 4대 발명품 중 하나인 '화약(폭죽)'으로 21세기에 '역사'를 불러오는 장면. 대단히 상징적인 퍼포먼스라 할 수 있다. 이들이 불러온 '역사'는 과연 어떤 역사일까?

개막식은 주경기장 바닥이 갈라지고 지하에서 올라온 두루마리가 펼쳐지면서 만들어낸 무대를 중심으로 진행된다. 이 두루

마리는 중국이 낳은 세계적 발명품인 '종이'를 상징하는 것으로 최첨단 하이테크가 동원되었다. 종이를 표현한 LED판은 길이가 1백47미터, 폭이 22미터에 달하는 세계 최대 크기로, LED 전구만 4만 4천 개가 들어갔다고 한다. 그것을 두루마리 형태로 구현한 것이다. 이 두루마리에는 중국의 문화적 상징물들이 나타난다.

중국의 또 다른 4대 발명품 가운데 하나인 '인쇄술(활자)'을 표현한 퍼포먼스는 장이머우가 개막식 공연 기획안을 공모했을 때 북경대학 학생들이 응모한 것이다. 글자 하나하나에 사람이 들어가 일어섰다 앉기를 반복하면서 글자 모양을 연출한다. 이때 등장하는 '화和'라는 글씨는 후진타오 정부의 국정 목표 '화해사회'를 상징한다. 필자는 이 퍼포먼스를 상당히 인상 깊게 봤는데, 고대 지식 보급에 획기적 전기를 마련했던 활자를 뜻하는 동시에 컴퓨터 자판이 연상되었기 때문이다.

항해를 나타낸 퍼포먼스는 4대 발명품의 하나인 '나침반'을 의미하는 것이기도 하고, 15세기 초 아프리카까지 항해했다는 명나라 정화鄭和의 남해원정°을 재현한 것이기도 하다. 마젤란보다

○ **남해원정** 중국 명대 환관이었던 정화가 영락제의 명을 받아 1405년부터 1433년까지 실시한 대항해. 모두 7회에 걸쳐 동남아시아, 인도, 아라비아 반도, 아프리카 동해안까지 이르렀다.

중국 4대 발명품 중 하나인 종이를 상징하는 두루마리 | 종이를 표현한 LED판은 세계 최대 크기로 LED전구만 4만 4천개가 들어갔다.(출처:ⓒⒾU.S.Army)

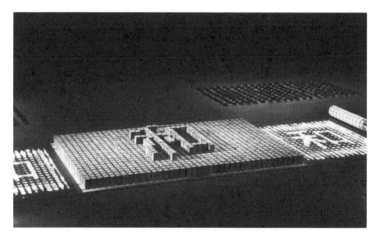

인쇄술을 상징하는 베이징올림픽 개막식 퍼포먼스 | 글자 하나하나에 사람이 들어가 '화和'라는 글씨를 완성한다.

항해를 상징하는 베이징올림픽 개막식 퍼포먼스 | 4대 발명품의 하나인 나침반, 그리고 중국이 유럽에 전파한 차와 도자기를 시각화했다. (출처:ⓒ①ⓞ江南秋雨)

공자의 3천 제자들을 상징하는 베이징올림픽 개막식 퍼포먼스 | 이들은 죽간에 적힌 《논어》의 첫 구절을 낭독했다. (출처:ⓒ①ⓞU.S.Army)

1백 년이나 앞서서 중국이 세계 일주를 했다는 사실을 퍼포먼스로 주장하는 것이다. 바닥의 LED판에는 차와 도자기의 이미지를 나타냈다. 유럽에 차와 도자기를 전파한 나라가 바로 중국이라는 자부심이다. 차와 도자기는 유럽에 전파된 이후 유럽 문화에 엄청난 충격과 변화를 가져왔다. 이러한 퍼포먼스에서 근대 서구가 동방에 가져온 것은 '아편전쟁'으로 상징되는 대포(전쟁)와 아편(마약)이었다는 은유를 읽는 것은 그리 어렵지 않다.

또한 중국 인문 정신의 상징으로 공자와 3천 제자들이 등장한다. 이들은 머리에 '붓'을 쓰고 죽간을 손에 들고《논어》의 첫 구절을 낭독했다.

베이징올림픽 개막식을 떠올리면 어떤 생각이 드는가? 필자는 올림픽 당시 베이징에 있었는데 개막식을 본 다음 날 한국의 지인들 10여 명에게 전화해 소감을 물어보았다. 대체로 대단히 화려하다, 놀라운 규모다, 돈을 엄청나게 쏟아부은 듯하다 등의 반응을 보였다. 그런데 재미있게도 다들 공통적으로 '그렇지만 감동적이지 않아!'라고 말했다. 이유가 무엇일까? 도대체 '감동'이란 어디에서 오는 걸까? 문화산업에 있어서 '감동'은 결정적이며 중요한 요소다. 베이징올림픽 개막식이 감동적이지 않았던 것은 중국의 찬란했던 옛 문명을 과시하는 태도에서 온 불편함 때문이었을까? 아니면 이런 거대한 규모와 화려함에서 또 다른 형태로 '중국위협론'을 느껴서였을까?

감동은 어디에서 오는가?

2012년 런던올림픽과 비교해보자. 런던올림픽 개막식은 영국의 과거와 현재, 미래라는 3막으로 구성됐다. 주제는 '경이로운 영국'이었다. 참여한 공연 인원 수를 보면 영국은 3천 명이었고, 중국은 1만 5천여 명이었다. 비용은 영국이 약 4백82억 원, 중국은 1천1백 40억여 원을 투입했다.

산업혁명의 종주국답게 영국은 개막식에서 산업혁명 시대를 재현한다. 그런데 그들이 보여준 것은 산업혁명 시대의 여성과 노동자의 행진이었다. 그리고 이어서 무상의료 병원의 침대와 소설《해리포터》의 저자 조앤 K. 롤링을 등장시켰다. '사회보험'과 '어린이 문학'이야말로 영국이 세계에 내놓을 만한 자랑거리라는 뜻이며, 이를 통해 '동화 같은 현실이 이루어지고 있는 나라'라는 메시지를 던진 것이다.

〈시사IN〉의 고재열 기자는 런던올림픽을 베이징올림픽과 비교해 이렇게 말한다.

"이미지가 아닌 서사로, 스케일이 아닌 스토리로 승부했다. 아이러니한 것은 사회주의 중심국가인 중국에서 치러진 올림픽에서 가장 우파적 가치인 '민족'이 강조되었고, 자본주의 중심국가인 영국에서 열린 올림픽에서는 무상복지 등 좌파적 가치가 강조되었다는 사실이다."9)

그래서일까? 많은 사람들이 런던올림픽 개막식이 베이징올림픽 개막식보다 감동적이었다고 말한다. 사실 런던올림픽도 영국의 역사를 모티브로 삼았다고 할 수 있다. 문제는 전통문화를 가져왔다는 데 있는 것이 아니라 어떻게 되살리느냐다. 그리고 그것은 바로 우리의 미래와도 직접 연관이 있다. 베이징올림픽은 과거 인류 발전에 기여한 중국의 4대 발명을 상징적 이미지로 화려하게 보여준다. 이것은 전 세계가 모두 아는 역사적 사실이다. 그렇다면 무엇을 어떻게 하자는 것일까? 중국은 과거를 소환해 자신들이 인류 역사에 얼마나 공헌했는지 상기시키는데는 성공했으나 미래를 위해서 무엇을 할 것인지는 전하지 못했다. 반면 영리한 영국은 21세기의 인류 보편의 화두를 건드린다. 바로 '복지'와 '동화'다. 그렇다고 베이징올림픽을 비난하는 것은 아니다. 아쉬움이 남긴 해도 훌륭한 개막식이었다는 사실은 분명하다. 그러나 이 문제는 우리에게 질문을 던진다. 만일 2008년에 한국이 올림픽을 개최했다면 우리는 어떤 개막식을 보여줬을까? 아니 2018년 평창 동계올림픽에서 우리는 무엇을 보여줄까?

올림픽 곳곳에 전통문화를 전시하다

베이징올림픽은 중국의 전통문화 요소를 최대한 활용해 보여준다. 베이징올림픽 마스코트는 역대 올림픽 마스코트 가운데 그 수가 가장 많다. 모두 다섯 개인데 각각의 이름은 '베이징은 당신을 환영합니다_{北京歡迎你, Bei Jing Huan Ying Ni}'의 중국어 발음으로 만들었다고 한다. '베이베이'는 중국에서 전통적으로 풍요와 수확을 상징하는 물과 물고기의 이미지를 캐릭터화했으며, 중국의 국보 판다를 모티브로 한 '징징'은 인간과 자연의 화해와 공존을 상징한다고 한다. '환환'은 둔황 벽화의 불꽃 이미지를 활용한 것으로 불은 인류 문명의 시작을 상징하기도 한다. '잉잉'은 세계적인 희귀동물 티베트 산양의 모습을 캐릭터화한 것으로 광활한 대지와 건강함을 나타낸다. 마지막으로 '니니'는 베이징의 옛 이름 옌징에 착안해 제비를 형상화한 것이다. 이 다섯 개의 마스코트는 모두 중국 전통문화원형으로부터 착안한 것들이다.

베이징올림픽 엠블럼과 베이징장애인올림픽 엠블럼은 전통 한자 서체를 변용해 만들었다. 베이징올림픽 엠블럼은 人(인)과

베이베이　징징　환환　잉잉　니니

베이징올림픽 마스코트

베이징올림픽 엠블럼(왼쪽)과 베이징장애인올림픽 엠블럼(오른쪽)

베이징올림픽 픽토그램

베이징올림픽을 상징하는 이미지들 | 중국은 올림픽을 통해 '인문 정신'과 '전통문화원형'을 최대한 알리고자 했다.(출처:IOC)

文(문), 그리고 京(경)의 글자를 합친 것이다. 전체적으로는 '人(인, 사람)이 춤추듯 달리는 모습'을 표현한다. 장애인 올림픽 엠블럼은 '之(지, 가다)'자를 변용한 것이다. 영문자 역시 죽간체(竹簡體, 진한 시기에 목편, 죽편 등에 쓰여진 고대 문자의 형체를 모방해 쓴 서체)로서 붓글씨의 느낌을 살렸다.

또한 베이징올림픽의 픽토그램은 칭화대학 미술연구소가 제작했으며 갑골문의 원형이 살아 있는 전서체(篆書體, 한자의 대표적인 5개 서체 중 가장 먼저 생긴 서체)의 이미지를 올림픽 경기 종목으로 변형시켰다. 상형문자인 한자가 갖고 있는 시각적 이미지를 최대한 활용한 것이다.

이처럼 21세기 초 중국은 자국에서 개최한 세계적인 이벤트를 통해 자신들의 전통문화를 최대한 전시한다. 세계 4대 발명품에 대한 퍼포먼스로 인류 문명의 발전에 끼친 중국의 공헌을 주저 없이 자랑한다. 마치 서구 근대화의 열매는 바로 동방, 특히 중국 문명의 자양분을 먹으며 자라난 것이며, 이제 인류 미래를 설계하기 위해서는 그 뿌리에 대한 근본적인 성찰이 필요하다는 듯 말이다. 물론 키워드는 '인문'이었다. 우리가 중국의 이러한 전시를 십분 공감하면서도 감동을 느끼지 못한 이유는 어쩌면 미래 가치로써 '인문'이 지닌 모호성과 퍼포먼스를 보면서 감지했던 국가 권력에 대한 불편함 때문은 아니었을까?

그래도 베이징올림픽은 최소한 중국 국민들에게는 대단히 의미 있는 행사였음은 분명하다. 올림픽이 끝난 뒤 칭화대학에서 특강할 기회가 있었는데 당시 강의를 들었던 중국 학생과 언론인은 베이징올림픽 개막식에 대한 소감을 묻는 필자의 질문에 대단한 자부심과 자신감을 보여주었고, 필자가 '감동을 느끼기는 어려웠다'는 한국의 소감을 전하자 이해할 수 없다는 반응을 보였다. 한 학생의 이야기가 인상 깊었다. 그 학생은 근대 세계 역사는 '서세동점(西勢東漸, 서쪽의 세력이 동쪽으로 밀려온다는 뜻)'의 역사였고, 불평등의 역사였다면서 베이징올림픽에서 중국이 보여준 것은 이러한 동서 간 불평등의 역사를 바꾸기 위한 시작에 불과하다고 했다. 한국 역시 여기에 동참해야 하지 않겠느냐고 반문했다. 생각해볼 문제다.

애국주의 교육의 장이 된 상하이엑스포

전통문화를 활용하는 베이징올림픽의 이러한 경향은 2년 뒤 상하이에서 개최되는 '2010 상하이엑스포'에서도 그대로 재현된다. 상하이엑스포의 엠블럼은 '서로 안고 있는 세 사람'의 모습으로 아름답고 행복한 가정을 형상화한 것이다. 세 사람이면 '대중大衆'을 비유하는 것인데 추상적으로는 전 인류를 개괄할 수도 있고,

상하이엑스포 엠블럼(왼쪽)과 **상하이엑스포 마스코트**(오른쪽) | 상하이엑스포는
베이징올림픽의 연장선에서 다시 한 번 중국의 인문 정신을 강조했다.(출처:expomuseum.org)

세계박람회의 이념인 '이해, 교류, 모임, 합작'을 표현하기도 한다. 특히 사람의 모습을 형상화해 후진타오 정부의 국정철학, 즉 '사람을 근본으로 한다[以人爲本, 이인위본]'라는 뜻을 반영했다. 엠블럼은 한자 '世(세)'자를 토대로 2010과 교묘하게 결합한 형태로 구현했다. 또한 녹색을 사용해 상승과 발전의 의미를 표현했다고 한다.

마스코트 '하이바오' 역시 한자 '人(인)'자를 원형으로 한 것인데, 사람을 창의의 핵심으로 표현하며 사람을 근본으로 하는 정신을 통해 도시와 사람의 밀접한 관계를 명시한다고 설명한다. 또한 물은 생명의 원천이고 도시 발전의 동력이라 여겨 마스코트에 물의 특징을 부여했다. 상하이엑스포의 주제인 'Better City Better life(더 나은 도시, 더 나은 삶)'의 희망을 표현한 것이라고 한다.

흥미롭게도 상하이엑스포에 전시된 국가관 중에서 가장 인기가 많았던 곳은 바로 중국관이었다. 물론 관람객은 대부분 중국인이었다. 필자도 상하이엑스포를 참관했으나 결국 중국관을 보지 못했다. 뙤약볕 아래 서너 시간이나 줄을 설 엄두가 나지 않았다. 그러나 이 세계박람회에서 중국인들은 다른 어떤 국가 전시관보다 자국의 전시물을 보기 위해 고된 줄 서기를 마다하지 않았다. 상하이엑스포를 준비했던 중국 정부의 목표 가운데 하나, 즉 국내적으로 애국주의 교육의 장으로 활용하겠다는 목표는 충분히 달성한 것으로 보인다. 중국관은 확실히 다른 어떤 국가

상하이엑스포 중국관 모습 | 한자 화華와 국國을 형상화한 중국관. 엑스포 전시장 중심에 위치한 중국관은 흥미롭게도 내국인에게 가장 인기가 많았다. (출처: ⓒ①①luciawang)

관보다 규모가 컸고 위치도 전시장의 중심에 있었다. 엑스포 전시장을 둘러보면서 중국인들은 분명 중국의 달라진 위상에 자신감과 자부심을 느꼈을 것이다.

중국의 변화로
세계가 동요하다

중국은 21세기 국가 이미지 제고와 소프트파워 강화를 위해 문화 산업을 전략적으로 육성시키고자 한다. 그리고 과거 이미지에서 벗어나 새롭게 형성할 이미지를 전통문화로부터 찾고 있다. 지금 까지 살펴본 것처럼 중국이 문화산업 해외 진출 전략으로 수출하 려는 문화상품은 주로 중국 전통문화에 관한 것들이다. 그 정점은 바로 베이징올림픽과 상하이엑스포를 통해 나타났다. 그것이 전 통의 발굴과 재현이든, 전통에 대한 현대적 재창조든 중국 정부는 전통문화를 기반으로 새로운 국가 이미지 구축에 전력을 다하고 있다.

이러한 중국 정부의 입장은 중국의 문화시장에 진출하고자 하는 글로벌 기업에게도 지대한 영향을 미친다. 중국이 수입하는 문화상품에 대한 규제를 살펴보면 중국을 비판하거나 혹은 부정적으로 다룬 콘텐츠는 중국 시장에 발을 붙이지 못하도록 하고 있다. 콘텐츠 공동제작에 대한 정책 또한 중국의 문화 요소를 배제하고는 중국 국산 판정을 받기 어렵다. 따라서 거대한 중국 시장의 힘은 앞으로 글로벌 문화기업의 콘텐츠 기획에 많은 영향을 줄 것으로 보인다.

문화를 알아야
중국이 보인다

이 책은 21세기 중국의 문화 현상 가운데 '전통'에 초점을 맞춰 썼다. 그리고 이러한 문화 현상을 문화산업의 측면에서 조망해보았다. 정부가 국가의 전통문화를 보호·유지하고 발전시키려고 노력하는 것은 당연한 일이자 임무다. 그러나 21세기 중국 정부의 이러한 움직임은 20세기 전통문화에 대한 태도와 비교해볼 때 매우 특별하다. 이 책의 제목으로 '마르크스와 공자의 화해'라는 다소 상징적 수사를 동원했지만, 마르크스는 이미 공자에게 압도당한 느낌이다. 중국 정부가 아무리 사회주의 가치와 문화를 강조하더라도 대중과 접하는 문화시장에서는 이미 그 의미를 발견하기 어렵기 때문이다.

필자는 이 책에서 중국 정부가 전통문화를 적극적으로 활용하려는 정책이 중국의 거시적 국가발전 전략과 그 맥을 같이하고 있음을 밝히고자 했다. 그리고 그것을 국가 체제 유지를 위한 문화정체성의 형성, 세계 경제 패러다임의 전환에 적극적으로 대응하려는 산업 구조의 혁신, 갈수록 심화하는 지역 간 격차 해소를 통한 국가의 지속적인 균형 발전 모색, 마지막으로 국제 사회에서의 국가 이미지 제고와 소프트파워 강화라는 측면에서 설명했다.

21세기 중국에서 벌어지는 전통문화의 부활과 강조는 중국 정부의 정책적 의도가 강하게 작동하고 있고, 또한 그것이 문화 시장에서 대중의 소비 욕망과 교묘하게 맞물리고 있다. 아무리 중국 정부가 대규모 자금과 미디어를 동원한다고 해도 대중이 원하는 상품을 제공하지 못하면 별다른 효과를 거둘 수 없었을 것이다.

개혁개방 이후 중국 정부가 그토록 강조했던 소위 '사회주의 정신문명 건설'을 위한 노력은 효과를 제대로 발휘하지 못했다. 오히려 그 자리를 '전통'에게 내주었다. 그리고 중국 정부는 이러한 '전통'의 소환이 사회주의 가치와도 모순되지 않는다는 입장으로 선회한다. 어쩌면 서구에서 실패한 사회주의 이상은 중국 전통과의 결합을 통해 중국 특색의 사회주의 이상을 기획할 수 있는 가능성을 얻은 것일지도 모른다. 이러한 관점에서 중국 정부의 이데올로기 주도성은 여전히 작동하고 있다. 다만 그 구현의 장이 바뀌었다. 이 책에서 21세기 중국이 선택한 '전통'에 대해 얘기하면서 문화산업을 강조한 것은 바로 이 때문이다.

어떤 전통문화를 선택할 것인가

글을 마무리하면서 몇 가지 문제의식을 공유하고자 한다. 이것은 필자 역시 아직 명확하게 입장을 정리하지 못한 문제라 향후 필자의 연구와 관련된 것이기도 하다.

21세기는 미디어가 급속히 다변화하는 시대다. 이에 따라 정보 및 콘텐츠의 소비도 다양한 경로로 이루어진다. 이러한 경향은 소위 '한류 드라마'의 전파 경로를 통해서도 알 수 있다. 이제 한국 드라마는 과거와 같이 수입 규제가 엄격한 지상파 방송은 물론 다양한 인터넷 동영상 서비스를 통해서도 접할 수 있다. 더 빠르고 광범위하게 접근할 수 있는 것이다. 소비자의 선택 폭은 훨씬 다양해지고, 정부의 통제력은 크게 약화될 것이다. 결국 앞으로 어떤 문화, 어떤 전통문화를 선택할 것인지는 소비자의 욕망에 더 많이 의존하게 될 것이다. 이것은 전통문화라 하더라도 어떤 류의 전통문화냐라는 선택에서 중국 정부가 주도권을 쥘 수 없게 되었다는 말이기도 하다.

특히 글로벌 문화시장을 염두에 둔다면 전통문화의 선택 폭은 더욱 확대될 것이다. 중국은 다양한 민족으로 구성된 국가다.

공식적으로는 56개의 민족으로 구성되어 있다. 이러한 다양한 민족문화는 문화산업의 발전에 대단히 유리한 조건이기도 하다. 그러나 소수민족 문제가 중국의 체제 안정과 관련해 대단히 핵심적인 문제라는 점을 감안한다면 다양한 민족문화에 기반한 문화산업의 발전이 어떤 영향을 미칠 것인지는 예측하기가 쉽지 않다. 앞에서 등장한 바와 같이《늑대 토템》은 몽고 초원민족의 전통문화을 원형으로 하고 있는데 이 책의 영향으로 윈난 지역 소수민족의 민속공연이 외국인들의 주목을 끌기도 했다.

　　최근 중국 내 가장 심각한 분쟁 지역으로 꼽히는 티베트와 신장 지역의 전통문화 역시 외국인들의 소비 욕구를 자극하고 있다. 물론 이러한 서구의 소비 욕구를 오리엔탈리즘이라 비난할 수도 있지만 문화시장에서 벌어지고 있는 엄연한 현실이기도 하다. 소수민족은 사회주의 정체성과 중국이라는 국가주의 혹은 애국주의의 영향으로 민족 특유의 정체성이 상당히 희석된 상태다. 만일 소수민족들이 자신의 민족문화를 상품화하고 또 이런 과정을 통해 민족문화에 대한 자각과 자신감을 회복하면서 독특한 문화를 중심으로 새로운 정체성을 형성한다면 어떻게 될까? 영화 〈티베트에서의 7년〉과 〈홍하곡〉은 모두 티베트를 소재로 만들었다. 하나는 미국에서, 또 다른 하나는 중국에서 만들었는데 이 두 영화를 보면 티베트를 바라보는 관점이 극과 극이라는 점을 알 수 있다. 티베트 사람들은 이 영화들을 어떻게 볼까? 물론 당연히 〈티베트에서의 7년〉은 중국에 수입되지 못했다.

문화는 사람의 인식을 대변한다

앞서 말했듯 전통문화는 문화산업 발전에서 대단히 소중한 자원이자 자본임에는 틀림없지만 절대적인 것은 아니다. 핵심은 어떤 전통문화를 어떻게 콘텐츠화할 것이냐다. 마오쩌둥이 언급했다시피 문화는 정치와 경제를 반영하는 데 그치지 않고 적극적으로 정치와 경제에 영향을 미치기도 한다. 영화나 드라마가 사회 변혁에 미치는 영향은 결코 작지 않다. 문화상품을 소비하는 소비자를 낮게 평가해서도 안 된다. 때로 소비자는 소비 행위를 통해서 사회에 대한 분노와 변혁의 의지를 보여주기 때문이다. 물론 전제 조건은 잘 만든 콘텐츠라야 한다. 영화 〈도가니〉나 〈변호인〉이 흥행하지 못했다면 우리 사회에 그러한 영향을 미치지 못했을 것이다. 이것이 문화상품의 강력한 힘이자 특징이다.

중국 역시 전통문화에 비유해 우회적으로 현실을 비판하는 오랜 전통을 가지고 있다. 1장에서 언급한 역사극 〈하이루이의 파면〉 같은 경우가 대표적이다. 문화산업의 발전이 중국 정부가 희망하는 대로 국가의 이미지를 제고하고 문화정체성을 형성하는 역할만 하는 것은 아니다. 언제나 그렇듯 중국에서의 변혁은 또다시 '문화'를 통해 그 서막을 알릴지도 모른다. 물론 중국 정부가 주도하는 개혁 프로그램 역시 문화적 외피를 쓰고 나타날 것이다. 이것은 문화 혹은 문화상품과 관련해 대단히 복잡하고 또 흥미로운 문제다.

자유 없이 창의성 없다

흔히 전통문화를 바탕으로 콘텐츠를 개발할 때 핵심은 전통문화에 대한 창조적 해석에 있다고 한다. 문제는 그것이 어떻게 가능한가 하는 것이다. '창의성'이란 도대체 무엇일까? 21세기 최대의 화두 중 하나가 바로 '창의성'이지만 그 개념은 명확하지 않다. 우리나라에서도 21세기에 접어들면서 '창의성'을 지속적으로 강조했다. 박근혜 정부도 소위 '창조경제'를 국정 과제로 삼고 있지 않은가? 2004년 문화체육관광부가 발표한 〈새예술정책〉에서는 창의성을 사회적 생산력의 기반으로 규정하고 그 개념을 다음과 같이 설명한다. 즉 "창의성이란 일반적으로 알려지지 않은 새로운 도전을 받아들이고 또 새로운 문제에 합당한 해결을 이끌어내는 능력, 현실의 모든 변화에 대한 고도의 감수성을 갖고 판에 박혀 무감각해진 기술이나 처리방식들을 교정하고 변화된 조건에 적응하는 능력"이라 한다. 그리고 이러한 창의성은 예술이나 과학의 전유물이 아니라 상상 가능한 모든 영역에서 나타나는 문제제기와 문제풀이를 의미하는 것으로 폭넓게 정의될 필요가 있다고 강조한다. 다시 말해 창의성이란 다르게 보고 다르게 생각하는 태도이자 능력인 것이다. 그리고 이러한 창의성은 자유로운 환경에서 스스로 기르는 것이라 설명한다. 국가가 해야 할 일이란 바로 이러한 환경을 조성하는 것이다.

이런 관점에서 문화산업 발전을 위한 국가의 핵심적 역할은 자유롭게 창작할 수 있는 환경과 산업 영역의 공정한 경쟁 시스템을 구축하는 것이다. 마찬가지로 문화산업 종사자 역시 이러한 환경 조성을 국가에게 지속적으로 요구해야 한다. 이것은 문화산업의 발전 과정에서 필연적으로 제기되는 문제다. 중국 정부와 소비자가 왜 중국의 콘텐츠는 미국 영화나 한국 드라마처럼 만들지 못하느냐는 질타는 궁극적으로 이 문제를 건드릴 것이다. 정책적·재정적 지원만으로는 해결되지 않는 문제이기 때문이다. 이 문제는 상당히 민감하다. 문화산업을 국가 전략 산업으로 육성하고자 할 때, 초기에는 정부와 문화산업이 적절한 밀월 관계를 유지할 수 있지만, 문화산업이 일정 규모로 성장하고 자기 동력을 확보하게 되면 점차 정부와 대립각을 세울 수도 있다. 이것이 바로 일반 산업과 문화산업의 차이다. 시간이 갈수록 중국에서도 이 문제가 부각될 것이다.

그런데도 전통문화 개발을 통한 중국 문화산업의 발전은 당분간 지속될 것으로 보인다. 무엇보다 중국의 가장 큰 장점은 엄청난 (잠재적) 시장을 보유하고 있다는 점이다. 이것은 마치 거대한 블랙홀과 같다. 국내외 모든 문화기업과 문화상품을 빨아들이는 것이다. 이제 글로벌 문화상품은 중국시장의 수요와 기호, 원칙과 표준에 맞춰야 한다. 2014년 한국콘텐츠진흥원의 보고서에 따르면 중국의 콘텐츠 시장은 2016년 일본을 제치고 세계 2위의 시장으로 성장할 것으로 예상된다고 한다. 특히 중국의 게임산업, 영화산업은 이미 미국 다음으로 세계 2위를 차지하고 있고, 방송산업, 광고산업, 지식정보산업 등도 조만간 2위로 올라설 것으로 예측하고 있다. 글로벌 문화기업이 이 시장을 무시하기는 쉽지 않을 것이다. 동시에 중국 내 기업들은 거대한 시장을 바탕으로 갈수록 경쟁력을 키워갈 것으로 보인다.

또한 중국 정부의 문화산업에 대한 입장과 원칙 역시 커다란 변화는 없을 것이다. 중국 정부가 문화 정책의 영역에 문화산업을 수용하면서 정책 방향 역시 규제 중심에서 진흥 중심으로 전환했다고 하지만, 그 주도권과 통제력을 놓지 않을 확률이 높다. 전통문화를 포함해 중국에 대한 부정적 · 비판적 입장도 용납하려 들지 않을 것도 확실하다. 중국의 문화산업이 거대한 시장을 보유하고 있으면서도 대외의존도는 높지 않으니 중국으로서는 그다지 아쉬울 것도 없다. 중국의 전통문화와 문화산업의 결합은 경제적 가치 창출 이외에도 다양한 국가 발전 목표와 결합되어 있기 때문에 그 결합 정도와 범위는 갈수록 확대될 것이다. 이것이 바로 현재 우리 눈앞에 펼쳐지고 있는 중국의 모습이다. 그렇다면 우리는 어떻게 해야 할까?

중국의 10년 실험, 그리고 우리는 무엇을 해야 하는가

우리나라 문화산업의 대중국 전략에 관한 문제는 이 책이 다루려는 주제가 아니다. 따로 논의의 장이 필요하리라 생각한다. 다만 중국의 현재 상황에 직면해 몇 가지 시사점을 거론하는 것으로 마무리하려 한다.

우선 중국 정부의 정책에 주목해야 한다. 이것은 단순히 우리 문화산업이 중국에 진출하기 위해 그들의 정책을 이해해야 한다는 정도에 그치지 않는다. 문화산업 관련 정책은 한국과 중국이 거의 비슷한 시기에 시작되었다. 중국이 약 2, 3년 정도 늦은데 이 과정에서 한국의 정책을 많이 참조하기도 했다. 흥미로운 사실은 한국과 중국의 체제, 정치 시스템, 경제 상황 등이 크게 다른데도 문화산업을 진흥시키기 위한 양국의 정책에는 유사한

부분이 상당히 많다는 점이다. 이것은 아마도 문화산업 후발국이 초기 단계에서 실행할 수 있는 공통적인 현상인 듯한데, 필자의 견해로는 지난 10여 년의 정책 추진 결과를 보면 중국의 정책이 훨씬 효과적으로 작동하지 않았나 싶다. 특히 중국 정부의 정책 추진 방식, 예컨대 시스템 혁신에 관한 지속적이고 다각적인 실험, 그리고 실험 결과를 바탕으로 한 정책의 전면적 확대와 같은 것은 우리가 많이 참조해야 할 것으로 보인다.

둘째, 지역발전과 문화산업의 관계를 들여다봐야 한다. 물론 우리나라도 문화산업 진흥 초기부터 지역 문화산업 육성에 많은 정책과 재원을 투입했다. 그러나 결과는 그리 신통치 않았다. 반면 중국은 많은 성공 모델이 나왔다. 더구나 향후 한국과 중국의 교류는 국가 차원보다는 도시 간 협력이 대세를 이룰 것으로 보이며 문화산업 역시 마찬가지다.

최근 상황을 보면 한중 도시 간 교류에서 중국의 지방 도시는 한국의 도시에게 문화산업 영역에서의 협력을 적극적으로 주문하고 있으나 우리나라가 이에 대응하지 못하고 있는 실정이다. 예컨대 2015년 한중 FTA가 타결되면서 중국의 웨이하이 시와 한국의 인천시가 시범도시로 선정되었는데, 웨이하이 시가 인천시에 제안한 협력 방안에는 문화산업이 주요 의제의 하나로 제시되었다. 그러나 인천시는 이 분야에 소극적으로 대응할 수밖에 없었다. 우리나라의 문화산업 자원이 절대적으로 수도권(서울과 경기도)에 집중되어 있는 상황에서 다른 지방 도시들의 상황도 예외는 아닐 것이다. 이에 관한 적극적인 대안을 지방정부뿐만 아니라 중앙정부 차원에서도 모색해야 한다.

셋째, 문화산업의 경쟁에서 핵심은 바로 콘텐츠에 있다는 점을 잊지 말아야 한다. 다행이 우리나라 콘텐츠가 이미 중국 시장에서 다른 어떤 선진국보다도 경쟁력이 있음을 '한류' 현상을 통해 확인했다. 따라서 중국 문화시장의 급격한 확대는 우리에게도 좋은 기회가 될 수 있고, 또 좋은 기회가 되도록 만들어야 한다. 특히 중국이 전통문화를 활용한 콘텐츠 개발에 노력하는 모습을 보면서 필자는 이 분야에 있어서도 우리나라가 경쟁력을 갖고 있다는 생각이 든다.

1990년대 중반 중국에서 한류 드라마의 원조라고 거론되는 〈사랑이 뭐길래〉를 방영했을 때, 중국 시청자들은 이 드라마를 통해 잊고 있던 전통 가정의 모습을 아련하게 떠올렸다. 〈대장금〉은 부모가 어린 자녀에게 시청을 적극 권장하기도 했다. 아이들의 교육 콘텐츠로 이만한 것이 없다는 것이다. 중국 기업은 우리나라 소설 〈상도〉를 직원 교육용 교재로 광범위하게 활용하기도 한다. 핵심은 얼마나 많은 전통문화를 보유하고 있는지가 아니라 그 전통문화를 어떻게 해석하고 콘텐츠화할 수 있느냐다. 영화

〈아바타〉가 장자의 철학을 바탕으로 하고 있다는 것은 널리 알려진 사실이다. 이렇게 보면 중국의 전통문화는 중국만의 것이 아니라는 생각이 든다. 여기에 우리나라의 창작자와 기업이 적극적으로 나서기를 바란다.

전통의 소환, 새로운 가능성이 되다

문화산업이 모든 문제를 해결할 수 있는 특효약은 절대 아니다. 다만 이 책을 통해 21세기 중국이 직면하고 있는 문제와 이것을 극복하기 위한 노력, 그 가운데 특히 전통을 대하는 중국의 방식에 대해 좀 더 풍성하게 이해할 수 있기를 기대한다. 전통이라는 키워드를 중심으로 논의를 끌고 가다 보니 현대 중국 역사의 섬세한 결을 무시하고 다소 거칠게 재단한 감도 없지 않다. 그러나 이런 관점에서 중국의 경험을 일별하는 것도 재미있는 시도가 아닐까 싶다. 남겨진 많은 문제는 앞으로 계속 토론하면서 채웠으면 한다.

결론을 집필하던 중에 2015년 노벨상 수상자가 선정되었다는 소식을 들었다. 그중 노벨생리의학상을 수상한 중국중의연구원 투요우요우屠呦呦 교수가 눈길을 끈다. 중국에서 과학 분야로는 첫 노벨상 수상자라는 것보다도 더욱 흥미를 돋우는 것은 바로 그녀가 중국의 전통의학인 중의학 전문가이며, 그녀가 개발한 말라리아 특효약이 중국의 전통의학에서 영감을 받았다는 사실이다. 〈뉴욕타임스〉는 그녀의 노벨상 수상으로 중국에서 중의학의 가치에 대한 논쟁이 다시 불붙고 있다고 보도했다. 어찌됐든 중국 입장에서는 예상치 못했던 쾌거임에 분명하다. 중국의 전통문화가 인류의 미래 설계에 영감을 줄 수 있을 것이라는 전통문화 부흥론자들에게 이보다 더 확실한 증거가 또 있을까? 그리고 이 소식은 아마도 광범위한 영역에서 전통에 대한 새로운 관심을 불러일으킬 것이다. 반갑고 또 축하할 일이다.

참고문헌

한글자료

- 高国力, 〈중국의 지역 경제 발전 현황, 문제 및 추세〉,《중국의 발전전략 전환과 권역별 경제동향》, 대외경제정책연구원, 2011.
- 구문모, 〈지역개발과 지방 문화산업정책〉,《문화경제연구》, 한국문화경제학회, 2001.
- 국가균형발전위원회 · 산업자원부,《제1차 국가균형발전 5개년 계획》, 2004.
- 권호영 · 김영수,《한류확산을 위한 전략과 정책》, 한국콘텐츠진흥원, 2009.
- 김광동,《전략산업에 대한 국가의 정책과 역할의 변화》, 한국학술정보㈜, 2006.
- 김미나, 〈정책과 제도의 구조적 경쟁력〉, 한국학술정보㈜, 2006.
- 김휴종, 〈문화정체성의 맥락에서 본 문화산업 정책의 방향〉,《문화정책논총》제13집, 2001.
- 데이비드 트로스비, 성제환 역,《문화경제학》, 한울, 2009.
- 马慈晖 , 〈중국 노동시장의 불균형 현상〉, 삼성경제연구소 China Business Focus, 2009.
- 모리스 마이스너, 김수영 역,《마오의 중국과 그 이후》, 이산, 2010.
- 문태현, 〈지역혁신을 위한 문화 정책 거버넌스의 성공요인 분석〉,《한국행정논집》제17권 제2호, 2005.
- 문화관광부,《문화산업진흥지구 개발을 통한 지역문화산업 발전 방안》, 2006.
- 문화관광부,《문화산업 클러스터 지형도 작성을 통한 지역문화산업 육성방안》, 2006.
- 문화관광부,《콘텐츠코리아 비전 21》, 2001.
- 문화관광부,《2004 문화산업백서》, 2004.
- 문화관광부,《2005 문화산업백서》, 2006.
- 문화체육관광부,《2008 문화산업백서》, 2009.
- 문화체육관광부,《2011콘텐츠산업백서》, 2012.

- 문화체육관광부, 《콘텐츠 글로벌 경쟁력 강화방안》, 2012.

- 박광무, 《한국문화정책론》, 김영사, 2010.

- 백승욱, 《세계화의 경계에 선 중국》, 창비, 2008.

- 삼성경제연구소, 《중국 IT산업의 현황과 전망》, 2001.

- 삼성경제연구소, 《21세기 중국의 대역사, 서부대개발》, 2003.

- 삼성경제연구소, 《중국의 성장전략 변화》, 2010.

- 삼성경제연구소, 《2011 국가브랜드지수 조사 결과》, 2012.

- 세계화추진위원회, 《세계화백서》, 1998.

- 심상민, 〈한국 문화산업정책; 규제→진흥, 그 다음?〉, 한국문화관광연구원 2010 개원기념 심포지움 자료집, 2010.

- 외교통상부, 《한국의 문화외교 강화를 위한 추진 전략 및 지역별 차별화 방안》, 2009.

- 유동원, 〈중국의 비전통안보 연구: 위협 유형과 대응전략〉, 《국방정책연구》, 2010년 봄(통권 제87호).

- 유준호 · 윤승금, 〈생태계 관점에서의 문화콘텐츠 산업 구성 및 구조〉, 한국콘텐츠학회 논문지 제10권 제4호, 2010.

- 유진룡, 《한국 문화콘텐츠산업정책과 혁신체제에 관한 연구》, 한양대학교 박사학위논문, 2005.

- 이근, 《기업간 추격의 경제학》, 21세기북스, 2008.

- 이근, 《동아시아와 기술추격의 경제학》, 박영사, 2007.

- 李牧群, 《심화되는 중국의 취업난》, 삼성경제연구소 China Business Focus, 2009.

- 이용관, 《문화산업 지속성장을 위한 정책패러다임 연구》, 한국문화관광연구원, 2011.

- 이와부치 고이치, 히라타 유키에 · 전오경 역, 『아시아를 잇는 대중문화』, 도서출판 또 하나의 문화, 2004.

- 장하준, 이종태 · 황해선 역, 《국가의 역할》, 부키, 2010.

- 鄭常恩, 《17차 당대회에서 나타난 중국의 경제정책 변화》, 삼성경제연구소 China Business Focus, 2007.

- 정종호, 〈중국사회와 중국인의 변화〉, 《중국, 2006년 평가와 2007년 전망》, 삼성경제연구소, 2006.

- 정상철, 《문화산업정책의 환경변화와 정책방향》, 한국문화관광연구원, 2010.

- 정상화 , 〈안보개념의 변화와 비전통안보의 부상〉, 《세종정책연구》, 2010년 제6권 2호.

- 조셉 나이, 홍수원 역, 《소프트파워》, 세종연구원, 2004.

- 정헌일, 《콘텐츠산업 불공정거래 개선방안에 관한 연구》, 한국문화관광연구원, 2009.

참고
문헌

- 지역발전위원회,《2012년 지역발전 주요 통계 자료집》, 2012.
- 최막중,〈국토 · 지역정책과 국책사업〉,《국토 · 도시정책의 평가 세미나》자료집, 대한국토도시계획학회, 2011.
- 최성호 · 박정수 · 강석훈 · 강성진,《세계경제의 구조변화와 새로운 성장 패러다임의 모색》, 산업연구원, 2010.
- 한국문화관광정책연구원,《문화산업진흥기금의 문화산업 지원 효과 분석》, 2003.
- 한국문화관광정책연구원,《문화산업정책 10년, 평가와 전망》, 2005.
- 한국문화관광연구원,《일본 대중문화 개방 10년》, 2009.
- 한국문화관광연구원,《콘텐츠산업의 차세대 국가전략산업화에 관한 연구》, 2011.
- 한국문화콘텐츠진흥원,《지역문화콘텐츠산업 활성화와 정책과제》, 2003.
- 한국문화콘텐츠진흥원,《중국문화산업기지 보고서》, 2009.
- 한국문화콘텐츠진흥원,《한국문화콘텐츠진흥원 10년사》, 2009.
- 한국콘텐츠진흥원,《2010 해외 융합형콘텐츠 시장조사 보고서》, 2010.
- 한국콘텐츠진흥원,《2011년 지역문화산업 클러스터 실태조사》, 2011.
- 한국문화예술위원회,《기초예술과 문화산업의 연계방안 연구》, 2008.
- 한국문화정책개발원,《한국 스크린쿼터의 현황과 발전방안에 관한 연구》, 1999.
- 한국문화정책개발원,《문화정체성 확립을 위한 정책 방안 연구》, 2002.
- 한국은행,《중국의 중진국함정에 대한 논란과 시사점》, 2011.
- 한국은행,《문화콘텐츠산업의 현황과 과제》, 2009.
- 한국정부부처 연합,〈콘텐츠산업진흥계획〉, 2011.
- 한승준,〈지방문화산업클러스터의 거버넌스체제 분석에 관한 연구〉,《한국지방자치학회보》제19권 제4호(통권60호), 2007.
- 홍성태,〈일본 대중문화 개방의 문화정치〉,《문화과학》통권41호, 2005.
- 황성돈,《종합국력 측정에 관한 연구》, 교육과학기술부, 2009.

중국자료

- 包晓光, 徐海龙 主编,《中国当代文化产业导论》, 北京大学出版社, 2010.

- 陈少峰,《文化产业战略与商业模式》, 湖南文艺出版社, 2006.

- 陈少峰,《文化产业读本》, 金城出版社, 2009.

- 陈少峰, 朱嘉,《中国文化产业十年》, 金城出版社, 2010.

- 邓显超,《中国文化发展战略研究》, 江西人民出版社, 2009.

- 丁學良,《辩论"中国模式"》, 社会科学文献出版社, 2011.

- 方彦富,《文化管理引论》, 福建教育出版社, 2010.

- 胡惠林,《文化产业发展与国家文化安全》, 广东人民出版社, 2005.

- 胡惠林,《文化产业发展与中国新文化变革》, 上海人民出版社, 2009.

- 胡惠林,《中國國家文化安全論》, 上海人民出版社, 2011.

- 胡惠林 主编,《我国文化产业发展战略理论文献研究综述》, 上海人民出版社, 2010.

- 胡惠林 主编,《我国文化产业政策文献研究综述1999-2009》, 上海人民出版社, 2010.

- 胡锦涛,《胡锦涛总书记在中共中央政治局第七次集体学习时的讲话》, 2003.

- 江泽民,〈高举邓小平理论伟大旗帜,把建设有中国特色社会主义事业全面推向二十一世纪〉, 1997.

- 江澤民,《全國對外宣傳工作會議上的講話》, 人民日報, 1999.2.27.

- 江泽民,《在中国共产党第十六次全国代表大会上的报告》, 2002.

- 李鹏,《关于制定国民经济和社会发展"九五"计划和2010年远景目标建议的说明》, 1995.9.25.

- 毛泽东,《在延安文艺座谈会上的讲话》, 1942.

- 欧阳坚,《文化产业政策与文化产业发展研究》, 中国经济出版社, 2011.

- 潘一禾,《文化安全》, 浙江大学出版社, 2007.

- 祁述裕,《中国文化产业国际竞争力报告》, 北京社会科学出版社, 2004.

- 祁述裕 主编,《中国文化产业发展战略研究》, 社会科学文献出版社, 2008.

- 祁述裕, 王列生, 傅才武 主编,《中国文化政策研究报告》, 社会科学文献出版社, 2011.

- 齐骥·宋磊·范建华,《中国文化产业50问》, 光明日报出版社, 2011.

- 施俊玲,《十二五期间的文化产业政策》, 第九届中国文化产业新年论坛, 2012.

- 孙洪斌 主编,《文化全球化研究》, 四川大学出版社, 2009.

- 涂成林, 史啸虎 等,《国家软实力与文化安全研究》, 中央编译出版社, 2009.

- 王春风,《中国文化民族主义研究》, 内蒙古大学出版社, 2010.

- 王玲, "世界主要大国综合国力比较",《全球政治与安全报告》, 社会科学文献出版社, 2006.

- 王岳川,《中国崛起的文化战略与世界意义》, 大学网, 2012.5.5.

- 魏鹏举, 周正兵,《文化产业投融资》, 湖南文艺出版社, 2008.

- 吴敬琏,《找不到新增长来源, 就会陷入中等收入陷阱》, 中国新闻网, 2012.7.27.

- 向勇 主编,《面向2020, 中国文化产业新十年》, 金城出版社, 2011.

- 向勇,《文化立国》, 华文出版社, 2012.

- 向勇, 喻文益,《区域文化产业研究》, 海天出版社, 2007.

- 向勇, 赵佳琛 主编,《文化立国, 我国文化发展新战略》, 北京联合出版公司, 2012.

- 叶朗 主编,《2008中国文化产业年度发展报告》, 湖南文艺出版社, 2008.

- 叶朗 主编,《2009中国文化产业年度发展报告》, 金城出版社, 2009.

- 叶朗 主编,《2010中国文化产业年度发展报告》, 北京大学出版社, 2010.

- 叶朗 主编,《2011中国文化产业年度发展报告》, 北京大学出版社, 2011.

- 张彩凤, 苏红燕 著,《全球化与当代中国文化产业发展》, 山东大学出版社, 2009.

- 郑永年,《中国模式》, 浙江人民出版社, 2010.

1) 채하연, 〈중국의 소프트파워로서 공자콘텐츠의 전개현황 및 의의〉, 《유교사상문화연구》 33, 2008 참조.

2) 이종철, 〈중국의 소프트파워 강화 전략에 대한 일고찰-원조외교와 공자학원을 중심으로〉, 《국제지역학논총》, 제4권 2호, 2011.

3) 정상화, 〈안보 개념의 변화와 비전통 안보의 부상〉, 《세종정책연구》, 2010년 제6권 2호 참조.

4) 유동원, 〈중국의 비전통 안보 연구: 위협 유형과 대응전략〉, 《국방정책연구》, 2010년 봄 (통권 제87호)호 참조.

5) 陳來, 〈孔子與當代中國〉, 《讀書》, 2007년.

6) 조경란, 〈현대 중국의 보수주의 문화〉, 《중국근현대사연구》제40집, 2008.

7) 조용성, '중국 영화 "할리우드 뛰어넘겠다"', 〈아주경제〉, 2013년 9월 23일자.

8) 류호성, '할리우드도 중국에 아부', 〈한국일보〉, 2012년 6월 14일자.

6) 고재열, '우리가 놓친 올림픽의 이면- ②우파 베이징vs좌파 런던', 〈시사IN〉, 2012년 256호.

마르크스와
공자의 화해

첫판 1쇄 펴낸날 2016년 2월 29일

지은이 권기영
기획 성공회대학교 동아시아 연구소
발행인 김혜경
편집인 김수진
책임편집 조한나
편집기획 이은정 김교석 이다희 백도라지 윤진아
디자인 김은영 정은화 엄세희
경영지원국 안정숙
마케팅 문창운 노현규
회계 임옥희 양여진 김주연

펴낸곳 (주)도서출판 푸른숲
출판등록 2002년 7월 5일 제 406-2003-032호
주소 경기도 파주시 회동길 57-9번지, 우편번호 413-120
전화 031)955-1400(마케팅부), 031)955-1410(편집부)
팩스 031)955-1406(마케팅부), 031)955-1424(편집부)
홈페이지 www.prunsoop.co.kr
페이스북 www.facebook.com/prunsoop   **인스타그램** @prunsoop

ⓒ성공회대학교 산학협력단, 2016
ISBN 979-11-5675-640-8 (04150)

이 도서의 국립중앙도서관 출판시도서목록(CIP)은 e-CIP 홈페이지(http://www.nl.go.kr/cip)와
국가자료공동목록시스템(http://www.nl.go.kr/kolisnet)에서 이용하실 수 있습니다. (CIP2016001840)

이 저서는 2007년도 정부(교육과학기술부)의 재원으로 한국연구재단의 지원을 받아 수행한 연구결과물임(NRF-2007-361-AM0005).